激

绩效管理
30招

贾长松 —————— 著

活

北京联合出版公司
Beijing United Publishing Co.,Ltd.

图书在版编目（CIP）数据

激活：绩效管理 30 招 / 贾长松著 . —北京：北京
联合出版公司，2022.6（2025.8重印）

ISBN 978-7-5596-5978-1

Ⅰ . ①激… Ⅱ . ①贾… Ⅲ . ①企业绩效—企业管理
Ⅳ . ① F272.5

中国版本图书馆 CIP 数据核字（2022）第 030589 号

激活：绩效管理 30 招

作　　者：贾长松
出 品 人：赵红仕
选题策划：北京时代光华图书有限公司
责任编辑：管　文
特约编辑：刘冬爽
封面设计：新艺书文化

北京联合出版公司出版
（北京市西城区德外大街 83 号楼 9 层　100088）
北京时代光华图书有限公司发行
文畅阁印刷有限公司印刷　　新华书店经销
字数 176 千字　　　787 毫米 × 1092 毫米　　1/16　　16.5 印张
2022 年 6 月第 1 版　　2025 年 8 月第 3 次印刷
ISBN 978-7-5596-5978-1
定价：68.00 元

绩效不是企业想象中的扣工资

企业的绩效管理，是企业组织系统管理中最难的。经过多年的工作实践，我发现，很多企业在管理中最薄弱的环节也是绩效管理。因为大部分企业管理者认为绩效管理理论高深，不容易实践。所以，他们对企业内部的绩效管理束手无策，甚至想把它束之高阁。但是，我可以毫不客气地说："一个有绩效考核管理的组织，对比一个没有绩效考核管理的组织，就像是行业冠军对比普通小企业，二者之间有着天壤之别。"

所以，企业非但不能放弃绩效管理，而且应该把绩效管理熟练应用到日常管理中去。在这本书中，我将给大家谈一下作为一个企业管理者，应该如何制定一套匹配自己企业的绩效考核体系，以此帮助企业更好地管理员工，提高工作效率。不管你是企业的人力资源管理者，还是高层管理者，或者是董事会成员，都能够在本书中找到适合企业的绩效管理方法。

想要学会绩效管理，就必须先了解绩效是什么，包括哪些内容。

绩效分为三个层面

第一个层面是绩效战略。

人们想要开办一家企业，一般会思考下面的问题：为什么要做？要做到多大？要做成什么样子？这些都是需要提前规划的内容。我们把这些内容称为绩效战略，绩效战略是企业战略中最重要的一个组成部分，是最容易让每个员工记住并为之奋斗的目标。

一家企业本身是没有生命力的，是企业管理者赋予它一些使命，使其产生了生命力，并成为引导员工向前走的目标和动力。但是，目前很多企业的绩效战略还达不到这个标准，主要原因就是其战略内容设计得过于简单，只有一些如企业要挣多少钱、达到多少业绩等目标，导致企业里的所有人都只向着这些简单的目标努力，使得企业发展越来越滞后，企业的活力也变得越来越弱。这里提到的重要战略目标，包括企业管理的成熟度、科研方面的开发与扩展、对于未来市场的预测和分析等。如果企业没有制定这些方面的战略目标，那么未来的发展就会变得困难，员工做事的积极性也会慢慢消失。

第二个层面是绩效管理。

当企业的战略目标制定好以后，用一定的方法去努力实现它的过程就是绩效管理。绩效管理非常重要的一个作用，就是赋能团队拥有实现组织目标的能力。比如你经营一家电商企业，但目前业绩还不够好，分析出的主要原因是团队的能力不够，那么针对这个问题的解决办法、复盘及事后检查，都属于绩效管理的内容。

第三个层面是绩效评价。

绩效评价，就是绩效考核，主要是为了评价员工工作的结果，是绩效管理的最后一个环节。很多人认为企业做完绩效管理就可以了，根本没有重视过绩效评价。这种想法绝对是错误的，虽然绩效管理最重要，但是如果没有对员工的绩效管理进行后续评价，那么企业管理者就不能及时了解员工的工作状态，并调整管理手段，前面的绩效管理成果就有很大可能付之东流。假如绩效考核算作 1 分，从绩效战略到绩效考核的整个环节是 10 分，如果没有绩效考核环节，就等于前面 9 分的工作都是在做无用功。

什么是绩效？

绩效，按字典里的解释是成绩、成效，以我的理解，"绩"就是做出的成绩，"效"就是行为。绩效体现出来的成果并不是简单的一个数字，而是对一个过程的反映。

绩效包含了两部分内容：

第一部分是责任。

员工的本职工作完成得怎么样？日常任务完成得怎么样？这些都需要靠员工的责任心来制约。企业老板要把所有人的工作责任界定清晰，最好用文字表述出来。如果想分得再细一点，可以考虑用绩效考核表。这样，老板才能完全解放自己，不用浪费时间每天亲自给下属传达任务。

很多企业老板天天累得要死，经常加班到深夜，但最后得到的结果却和其他企业差不多。这些企业老板对此百思不得其解，觉得自己已经很努力了，付出很多却得不到应有的收获。根据我的分析，产生这种结果的主要原因就是这些老板每天都在做一些指挥别人、分配任务等无效的劳动，造成每天工作很多，却没有什么效果。所以绩效的第一个重要的内容，就是帮助老板清晰自己及他人的责任。

第二部分是目标。

除了对员工日常工作的责任进行约束以外，不管是大企业还是小企业，一般还会设定很多目标，这些目标也是绩效中的重要内容。一家企业的目标需要很多岗位的人员同时紧盯，这自然会带来很多压力，但是有压力就会有动力，有动力之后就会朝着目标努力，这就是目标在绩效中起到的主要作用。

绩效中的责任和目标，还需要员工用纪律和品行来管束和保障。有的人虽然业绩很好，但是他不遵守纪律，喜欢耍小聪明，这种人就比较容易出事。因为不遵守纪律的人，对自己的要求也会降低，久而久之，就会出现为了业绩铤而走险的情况，最终害人害己。

品行也是一样的道理。如果企业员工的业绩是靠贪污、挪用资金做出来的，或者他们喜欢在背后说别人坏话、给领导打小报告，如果绩效管理不能对这些行为提前约束，就容易酿成大祸，给企业带来不可挽回的损失。

总之，绩效就是企业告知给员工需要承担的责任及赋予其产生动力的目标，此外还需要用纪律和品行进行约束。如果企业员工可以在绩效管理的规范中做好自己的本职工作，那么他的晋升之路和日后规划都会比较顺利，也不会走太多的弯路。

怎么使用绩效?

了解了绩效的内容之后，我们还需要知道如何正确使用绩效，这主要和员工的工资、奖金挂钩。

一般来说，愿意承担责任，并且把日常工作做好的员工，就可以拿到基本工资了。我在招聘面试时经常会和求职者说:"你来我们公司上班，我给你底薪 XX。"这里底薪的标准对应的就是一个岗位需要承担的责任。一般做技术的人，底薪往往是中上等水平；做营销的人，底薪往往是中下等水平。特别是一些靠业绩为主要收入的从事营销工作的人，甚至可能是零底薪，他们不需要过多地关注其他任务指标，主要考核的任务指标就是业绩。

目标往往是和奖金一起出现的，比如销售提成、毛利润提成分红、利润奖、超产奖等，这些都和企业之前与员工约定的目标有关。比如，财务人员的奖金往往会比工资少，主要原因就是财务部门的责任目标比其他部门更大一点，所以更不容易获得。有人会问："把财务部门的目标定得低一点不行吗？"答案肯定是不行的。因为财务部门的日常工作有很多，分得也很细，所以绩效考核时只能靠减分，不能靠加分，哪个地方没有做好，就相应地扣掉一些分数。而做销售的业务人员往往是零起步，所以不能减分，只能加分，做出来多少，就往上加分多少。所以，企业管理者需要提前搞清楚不同岗位的绩效考核特点，才能对症下药，最大限度地发挥每一个员工的智慧和才能，提高他们的工作效率。

企业管理者制定奖金分配方案时一般是按数据来定的，与员工个人的业绩数字有关，同时也和纪律、荣誉有关。一家公司举行周年庆典，上台去领优秀员工奖、荣誉奖的人，除了有给公司创造了巨大业绩的人之外，也有一部分是一直遵守公司纪律，勤勤恳恳、默默做事的人。

这就是前面讲到的绩效管理除了责任和目标之外，还需要有纪律和品行的加持。一个员工如果只是业绩做得特别棒，但是人品不太好，那么公司可能会交给他一些扩展市场的重要工作，但是肯定不会让他去做高管等涉及公司核心管理的职位。

　　想要做好绩效，就要把它和工资、奖金对应起来。工资加奖金是我们常说的"薪"，晋升是我们常说的"酬"。薪酬与绩效之间是有内在逻辑关系的，需要同时考虑，不能分开看待。

Contents | **目录**

2

第二章
企业经营目标的规划

第三章
实现目标的有效途径：绩效考核

3

4 第四章
绩效考核表：人才从这里脱颖而出

5 第五章
重要岗位绩效考核表：对专业人才的专项考核

第六章

目标责任书：把绩效考核落实到纸面上

6

第七章

绩效面谈：激发人才潜力的最后一击

7

8 第八章
绩效数据收集：数据准确，效率才能翻倍

9 第九章
建立优秀的企业绩效文化

第一章

有目标，才会有成长

设定个人目标，人生才有意义

| 某一阶段，只制定单一目标 |

一位企业家带着他的夫人和孩子来拜访我，我们聊了三个多小时。孩子问我："叔叔，您有什么成功的经验可以传授给我吗？"我说："我刚才已经向你的爸爸妈妈问过你的成绩了，你的成绩在班级排在第十名左右。客观来讲，这个成绩已经算不错了。但就你个人而言还不算好，与你的家庭对你的期望还有一些差距。"他点点头，说："是啊，我现在感觉有点迷茫，不知道目标在哪里，我觉得您非常厉害，您是怎么制定自己的目标的？"

我说："一个人一般都会给自己制定目标，但是大多数人的目标都是假目标，不仅数量很多，而且完全不切合实际，造成后续执行起来相当困难。比如，有人给自己制定了这个月的目标，包括跑步的目标、学英语的目标、读书的目标等等，这些目标看似具体，但其实都很虚，而且没有具体的达到目标的做法，这样的目标就属于假目标。只要是目标，就必须有一个循环的过程。如果你定了目标，却没有执行，也没有检查，更没有把它当成你人生中一件非常重要的事情，那么你的目标就是一个假目标。"

人们在制定目标时，都应该以让人比较痛苦的，而不是享乐的内容为出发点。拿一个人的目标是学英语，要过多少分来说，只要定好这个目标，那么他的苦日子就来了。再比如有一个人想考CPA证书，这也是一个目标，因为要拿到CPA证书肯定要吃很多苦、付出很多。

很多人的目标定得不好，主要就是因为其定的目标数量多、不具体，并且没有形成一个循环，也没有检查、反馈的过程。我从大学毕业开始，每一年都会制定目标，并且到年底的时候会认真复盘。我每一天的工作，不是临时想做什么就做什么，或者领导安排我做什么就做什么，而是完全按照我自己的目标、节奏在做，完成目标的效率还是很高的。

综上，我认为正确制定个人目标的方法是：

在某一个阶段，只制定一个单一的目标

我在高中二年级的时候是一个完完全全的"学渣"，那时候的我

早恋、逃课去打桌球、上课偷看武侠小说，可以说只要是不和学习沾边的事，我都喜欢并愿意去尝试。可想而知，我那时的学习成绩很差。而且，我还偏科偏得特别厉害。我的历史成绩永远排在前面，但是物理、化学、数学等学科的成绩特别差，甚至很少及格。有一次，我考完化学去看分数，排队排了很长时间，轮到我的时候，化学老师生气地对我说："你看分数都是多余的。"

后来接连发生的几件事情，改变了我的人生和命运。

第一件事情发生在暑假，我需要帮家里忙去地里干活。有一天刚下完大雨，水蒸气从地里往头上蒸，头顶上还有太阳晒着，我在地里拔草，干得汗流浃背，最后腰都直不起来了。这种辛苦的劳作生活持续了一段时间之后，我对自己进行了反思：我作为一个"学渣"是错误的，我没有目标是有问题的。这是我第一次感觉到，我的人生需要改变。

这件事情刚过去没多久，改变我命运的第二件事情出现了。我的嫂子已经有了一个女儿，不愿意再生，但是因为家里重男轻女，非要让她冒着风险再生一个，结果我的嫂子因为心情抑郁直接流产了。我知道以后特别难过，觉得乡下思想愚昧，我不适合再在这个地方生活了。

第三件事情是我哥和我爸打算分家的时候，不断地争吵打闹，甚至肆意对对方进行人身攻击，全然不顾父子亲情，使我突然间彻底对这个生活的圈子和生活的方式产生了质疑，并且迫不及待地想要逃离出去。

经过这三件事情后，我给自己定下了一个阶段性的目标，那就是考上大学。我找邻居借了 100 元，再加上我妈卖完粮食给了我 400 元，拿着来之不易的 500 元离开了家。

在我没有制定考大学这个目标的时候，我认为学习是一件非常痛苦的事情。我学什么都头疼，但只要不学习，我立马就不头疼了。后来我反思了一下，为什么我一学习就会头疼，其实原因很简单，就是当一个人没有发自内心给自己定下一个具体目标的时候，做任何让身体不舒服的事情都是痛苦的。所以自从我给自己制定了单一目标是考上大学后，我逐渐变得热爱学习了。为什么人的行为会发生这么大的变化？就是因为制定的目标不再是"好好学习"这样的假目标，而是"考上大学"这样具体的真目标。后来，我用了一年多的时间，把成绩提高到了班里第三名，最后成功考上了大学。

有了单一目标以后，还要有后续的动作作为补充

如果只制定目标，却没有后续的动作，那么你的目标也会从真目标变成假目标。在我给自己定下考上大学的目标后，我首先改变了自己的交友圈，以前我因为爱玩，所以狐朋狗友很多，后来我为了专心学习，只保留了三个朋友，我的生活圈子一下子就变小了，也有了更多的时间专心学习。其次，我整理了自己的房间，把所有我认为不适合高考的东西全部都扔掉了。最后，就是改善学习方法，我开始主

动向成绩比较好的同学请教，通过他们，我有效改善了自己的学习方法。通过上面的三个动作，我逐渐地从学习当中体会到了快乐，也变得更加有干劲。

我以前感觉很痛苦的事情，为什么现在能体会到它的快乐了？就是因为我自己想要的东西发生了变化。后来我用这个单一目标法，暂时把其他事情全部放到一边，成功解决了我的高考、考研、考博，以及各种考证等有关考试的问题。并且我还成功利用这种方法解决了困扰我很多年的体重问题，我在2002年的时候体重是188斤，当我到2005年的时候，体重已经减到了128斤。也就是说，我成功减掉了60斤的肥肉。我用的方法很简单，就是紧盯着减肥这一件事情，把它做到了极致。

为什么要做单一目标呢？因为我们的人生目标面临着一个非常重要的问题，那就是时间性。有很多事情，过了这个阶段就再没有重新开始的机会了。所以在这个阶段，你不需要做那么多的分析，不需要征求那么多别人的意见，也不需要做那么多的样本，定好目标直接去做就可以了。我在过去的这么多年里，遇上如买房子、在北京创业，甚至到美国开公司等重大事情时，从来都不去考虑那么多，我就是先定一个目标，然后开始找方法去努力实现它。

再举一个例子，我现在出差到了吃早餐的时候，一般都会点两份。因为我曾经试过，当我打开点餐软件后，会特别矛盾不知道吃什么，没有办法做出决定。我一会儿看看这个不行，一会儿再看看那个也不行，最后我翻了 30 分钟还没点餐。后来我发现，我对时间的浪费远远超过了一份早餐的价值。于是我改变了点餐方式，之后的每天早上都点两份早餐，比如一份是豆浆油条，一份是包子和粥。两份早餐都摆在我面前的时候，我会分别尝一下，哪个味道好就选哪个，另一份就当作白天的加餐。这样既不浪费粮食，也不会浪费我的时间，选择也变得容易很多。

| 个人目标体系的制定 |

我一般会把自己的目标制定成一套体系，然后用这套体系实施目标就会比较顺利。一般我会在上一年的十二月上旬就制定好下一年的目标体系，并且在之后的一年时间里我会做四次复盘，看看我执行的目标方向对不对，以及任务量大不大、有没有价值、需不需要改进。之后我会稍作调整，继续执行这套体系，往往能得到不错的结果。

想要把目标制定成一套体系，就要在制定目标的时候首先找好维度，即准备做什么样的事情。我发现很多人如果不制定一套目标体系，就根本没有前进的动力，甚至对自己的生活情况也会一无所知。比如有的人随着年龄增长身体开始发福，就是因为他对自己的体重没有目标要求，所以他的身体在自己没有察觉到的时候变胖了。

我在美国看牙医的一次经历，对我的影响非常大，也让我意识到建立个人目标体系的重要性。那个牙医问我有没有给自己的牙齿定一个健康目标，是否想过到 80 岁的时候还能有一口好牙。这时我才发现，自己从来没有想过这件事情。我妈 60 岁的时候，牙已经掉了一半；我爸 70 岁的时候，除了咀嚼牙以外，其他的牙都掉没了。究其原因，就是他们没有给自己的牙齿设立健康目标，对牙齿的保护不够，导致牙齿早早就出了问题。所以我毫不犹豫地回答他，我要定目标。于是牙医当天给我做完检查以后，就帮我一起制定了一套有关牙齿健康的目标体系。

目标都是伴随着人们的痛苦出现的，如果人们一直在舒服的区间里，尽情享乐，即使有目标，也缺乏实现的动力。因为实现目标的过程注定不会轻松，所以人们要提前做好准备，包括心理上和行动上的两手准备，其中最重要的就是建立个人的目标体系。下面，以我的个人目标体系为例，为大家讲解如何才能成功建立自己的目标体系（见图 1-1）。

收入目标

根据我的观察，人们一般都喜欢以收入目标为首要目标，所以我们要定的第一个目标就是收入目标。在制定新一年的目标前，我们需要先回顾去年的目标是否实现，并分析原因。以我为例，我在 2019

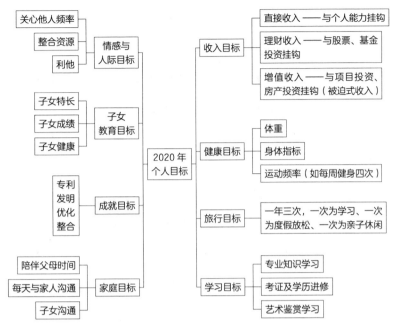

图 1-1　个人目标体系举例

年定的目标有两个最终没有实现。其中一个就是收入目标，还有一个是旅行目标。对于收入目标为何没有实现，我后来认真分析了一下，主要是因为我 2019 年制定目标时决定自降收入，也就是把 2018 年的分红标准在 2019 年降为二分之一。我自降一半收入的目的，是希望能通过我的业绩和利润的提升来进行弥补，以此激发自己的动力，但是很可惜，2019 年我企业经营的增长目标并没有达到一倍，这也就导致了我的收入目标没有实现。所以，我在制定 2020 年收入目标的时候，会格外注意调整该目标的金额范围。

一个人的收入目标包含了三部分的内容：

收入目标的第一个部分是直接收入。

直接收入就是我在公司里通过劳动挣到的钱，这项收入主要与个人的能力水平相关。我发现一个有趣的现象：能力越高的人，这项收入反而不会太高。还是以我为例，2019 年的时候，我做了两个对自己来说算是惊人的决定。第一个决定是我主动放弃了课程酬劳，现在我出去授课，都是免费的；第二个决定是我的股东可以享受公司的分红，这就要求我只有努力把公司的利润提高，才能挣到钱。

做出这两个决定，主要是因为直接收入本身存在一定的风险。如果一个人不幸生病了，好几个月没去上班，就有很大可能丧失收入来源，甚至连自己的日常生活都不能保证。所以，我的建议是，在有经济能力的前提下，尽量减少直接收入在收入目标中的占比，这样你的收入目标才算是比较健康且可持续的。

收入目标的第二个部分是理财收入。

我从年轻时开始养成了一个习惯——不管挣多少钱，都会存上总额的 50% 作为理财资金。一些年轻人没有存钱的习惯，挣多少钱就花多少钱，没有长远的投资观念，自然也没有了这部分理财收入。如前所述，如果想让你的收入结构变得更加健康，你就需要把钱拿出一部分来做理财，这样在遇到突发情况时，你才不会走投无路。至于做什么理财项目，我觉得可以因人而异，看你的喜好来定。我的理财投资当中有房产投资、股票投资、基金投资等，都算是新手可以尝试接触的领域。而且你投资的时间越长，积累的经验越多，获得的收入自然也会更多。

收入目标的第三个部分是被迫式的增值收入。

一个人是否有钱，除了看他的工作能力和学历以外，最重要的还是要看他的被迫式收入有多少。被迫式收入，就是今天你不劳动也有进账。《富爸爸穷爸爸》中是这样说的："一个人要及早地拥有被迫式收入。"对比直接收入，就像是你在北京工作，一个月挣 3 万元累得要死；而另一个人轻轻松松地一个月也能挣 3 万元，因为他挣的是房租，自然不累。相对而言，你通过劳动获得的就是直接收入，而另一个人获得的就是被迫式的增值收入。

以上三种收入方式构成了收入目标，你需要逐项分析，并制定出符合你实际情况的目标。一些人只追求表象的东西，虽然挣的不多，却喜欢买奢侈品，只为了满足自己的虚荣心。明明有钱可以买基金、股票进行投资，结果却买了最新款的手机，其实之前买的手机才用了仅仅不到一年；明明可以节省一点，去多考一个证，多学习一种技能，扩展一下视野，结果却吃了火锅；明明一年花三五千元就可以买一份大病保险，结果却拿了钱花天酒地，最后反而把身体搞垮了。这样的情况并非个例，我把这些都归属于个人目标的混乱。

健康目标

因为我上学时是学生物学的，所以我会比较关注健康问题。我觉得影响一个人长寿的首要因素是基因，遗传起着决定性作用。因为我不觉得我的家族有长寿基因，所以我为了达到长寿的目标，特别关注自己的运动频率、身体指标和体重变化，并且会进行针对性的调整和改善。

影响一个人健康的因素，一般要往前推 10 年到 15 年的时间。乔布斯为什么会得癌症去世？麦肯道格尔医生健康和医疗中心（Dr. Mc Dougall's Health and Medical Center）曾在 2011 年 11 月发表了一篇报告，文中分析了乔布斯患癌症的时间和扩散历史，认为主要是因为他20 多岁的时候特别喜欢做手工，经常亲自上手做焊接工作，吸入的有毒气体对他的身体产生了不良的影响，所以早早就埋下了隐患。但是肿瘤不会立刻爆发，等他到了三四十岁，免疫力下降，肿瘤就会快速生长，最后导致他 50 岁多就去世了。

大多数人在 20 多岁的时候不会注意自己的日常生活习惯，经常是晚上两三点不睡觉，饿了再起来吃包方便面，方便面没吃饱又煎个鸡蛋、放根火腿肠。自己本身睡眠就不好，还主动给身体增加了很多负担。事实上，大部分人都是这样把自己的身体搞垮的。

旅行目标

旅行是我的一种爱好，也可以定位为一个目标。我很少一个人去旅行，我的旅行都是有目的的。比如我某一年定了两个旅行目标，其中一个是去纽约。我为了实现这个目标，过完春节就带着全家去纽约的各种高校做了一轮七八天的考察，孩子们很兴奋，特别是我们家的老大参观完，就给自己定下目标说："我以后要到哥伦比亚大学去上学。"所以，这就是我制定这个旅行目标的主要原因，带孩子开阔眼界、增长见识。

学习目标

一个即将参加高考的学生和我抱怨："我现在压力很大，很累。"我说："你压力大的主要原因是你的效率太低。"作为高中生，要提早建立两个重要的目标，一是要有大是大非观，二是学会效率管理。什么叫大是大非呢？就是能分清什么事情是自己现阶段最重要的、需要花最多精力去做的。因为高中生精力旺盛，关注的杂七杂八的事情很多，一会儿谁过生日了，一会儿谁和谁谈恋爱了，如果一个人关注的重点全是这些鸡毛蒜皮的小事，那就说明他没有大是大非观，不知道合理分配自己的精力，学习成绩自然不会太好。

此外学会效率管理非常重要。一天的学习时间很长，需要你合理分配，才能做到事半功倍。如果你白天不认真学习，指望着晚上熬夜看书，那么第二天的状态肯定是蒙的，学习的效果也会大打折扣。还有些人压力一大，就不好好吃饭，这也是不正确的效率管理方式，把身体搞得很虚弱，就更学不进去了。有人说，我就拼这几个月，身体健康可以先放一放，等我高考完再放松。但这不对，我就劝他说："人的一生很长，高考虽然重要，但也只是相对而言，你后面还有如考研、考博等需要经受考验的阶段。将来等你走出校园，面临的考验甚至比之前还要更多更难，你还要工作或者创业，还要结婚生子，这些一点也不比高考轻松。所以你的身体健康无论何时都是第一位的，只有身体好了，才能经受住更多的考验。"

除了学生之外，已经工作的人也不能放松学习。互联网的技术更新太快，如果没有持续学习的能力，那么你在大学学的东西很快就过时了，这也是互联网行业的人经常调侃自己"过了 35 岁就没人要"的主要原因。

不仅是互联网行业，在社会高速发展的今天，每个行业都面临着同样的问题。就像人力资源管理这个行业，更新换代的速度也不慢。几年前常见的现场招聘会，现在已经基本用不上了，先网络招聘，筛选后再到公司面试的方法已经逐渐成为主流，甚至未来随时随地就可以连接面试。比如我在自己家冰箱前站着，你在自己家的电视前站着，我们两个一连接，在各自的家里就可以完成面试。

情感与人际目标

情感与人际目标也是你需要单独列出来进行规划的目标，主要包含关心他人的频率、整合资源以及利他。这个目标不像其他目标那么有针对性，听起来不容易实施，需要和其他目标配套来做。

人是社会性的动物，你在向着其他目标前进的时候，必然不能单打独斗，你需要和他人配合，必要时也需要他人的帮助，更不用说你与朋友、家人的关系影响着你能否顺利实现其他目标。所以你在做个人目标规划时，需要整理自己的人际关系，并在日常生活中注意这些细节，这有利于你其他目标的实现。

子女教育目标

大多数家长教育孩子时特别喜欢说三句话：你将来一定要考上好的大学；你一定要出人头地；你一定要比我们强。除此之外，就没有其他更好的激励方法了。就拿第一句话"你将来一定要考上好的大学"为例，很多家长只是一味地和孩子强调考上好大学，却没有具体的方法，也不告诉孩子为什么要考上好大学。因为目标背后没有动作，所以家长和孩子一起傻眼了，不知道应该如何努力。在我看来，想要考上好大学，最重要的方法在于明确具体的实施过程。

我的一个朋友，他的孩子因为谈恋爱影响了学习成绩，他为此天天给孩子训话，逼孩子分手。我知道后就跟他强调，孩子青春期都会比较叛逆，你批评得越狠，他越是要谈恋爱。因为他在恋人那里能找到温暖，在你这里老是被打击、批评，而且你只是批评，也没有给他解决方法，他自然越陷越深。这个朋友问我有什么好办法，我说把你孩子的微信给我，我和他聊聊。其实，我觉得孩子谈恋爱这件事不能单纯地说好还是不好，并且学习成绩的好坏其实是受多方面影响的，最主要还是看孩子的学习方法和努力程度。所以，我没有和这个孩子聊恋爱的问题，而是问他："你哪一门课学得不好？"他说："我最讨厌英语。"我接着问："你一天能背多少个单词？"他说："我一天新背 50 个单词，再加上对前一天背的单词进行复习，总共是 100 个单词。"我说："我陪你一起背单词，你每天背 100 个单词，我每天背 150 个单词，咱俩下载一个软件每天 PK。"他说："要不我再拉几个同学，咱们一起 PK？"我说："可以。"之后，我开始和他还有几个同学一起在软件上 PK 背单词，过了一段时间，我问朋友他孩子的成绩怎样了，他说英语成绩果然有了质的提升，当然，孩子并没有分手。这说明，孩子的成绩想要提高，家长不能只是批评教育，还得找到合适的方法，调动孩子的积极性，使他主动去学习，这才是正确的教育方法。

所以，家庭教育这个目标，家长必须要陪孩子一起做，不能只对孩子说要好好学习，要努力，要笨鸟先飞。而是要有真正的陪伴，和他一起去做，共同成长。

成就目标

我今年的成就目标是出两本书，我现在也在为这个目标而努力。如果我不提前定好这个目标，可能也就放弃不做了。所以在你的成就目标中有没有专利、有没有发明、有没有优化、有没有整合，这些问题对你的影响很大，也是督促你进步的方向。

家庭目标

除了工作方面的成就目标外，另一个我认为比较重要的目标就是家庭目标。父母、爱人、孩子对我们来说都是最为重要的人，但是正因为我们和家人朝夕相处，所以有时候反而会忽略他们。如果你没有制定这个目标，慢慢地，你就和家人成了最熟悉的陌生人。我前段时间在厦门讲课前，陪父母一起待了三天。其实我陪着他们，基本上也没做什么事，就聊聊天、吃吃饭、散散步。陪伴，其实最重要的就是人在心在。你没有必要一会儿拥抱一下，一会儿把"我爱你"挂在嘴上，而是发自内心地想陪着家人，听他们诉说，感受他们的快乐。

我每次和我的女儿沟通完以后，都会将聊天记录分享给我的一个做家庭教育的朋友，请她帮忙看看我们之间的沟通是否存在问题。她看过后，都会夸赞一句："哎呀，做你的女儿真幸福。"其实我自己知道，是因为我和孩子制定了相对应的家庭目标，所以我们的沟通非常顺畅，也不会出现什么尴尬的场面。

有很多人认为这个目标没什么制定的必要，因为和家人太熟了，所以肯定会有沟通和交流。但是如果不制定这个目标，你在忙其他目标的时候，就会忽略和家人的沟通，久而久之，问题会越来越多，你和家人之间的缝隙也会越来越大，所以需要大家多多留意这个问题。

制定个人目标体系，对于我们个人的发展来说十分必要，而且这个体系还需要我们定期更新和监督。因为知识体系的更新非常快，它包含了你的专业、学历、综合鉴赏能力等，要求非常高。所以等做完规划进行整理的时候，你会发现这一年都将非常忙碌。很多人说："贾老师，你一年就讲 30 多天课，感觉很轻松就能完成。"但是我真的轻松吗？其实只是看起来容易，实施起来可没那么容易。

举一个例子，我之前给自己制定的运动目标是每周至少运动 5 次，每次 1 小时。这个目标看似容易，但是真正执行起来特别困难。很多人肯定会有同感，当你辛苦地上完一天班，到家之后只想躺着，根本不想动，有时候还得先去应酬，安排也比较满。但是因为制定了这个目标，我不想立刻放弃，所以我鼓励自己说："不行，我定了目标，我一个月一定要运动 20 次，平均一周至少 4 到 5 次。如果这次偷懒，可能之后就直接放弃了，所以我得坚持住，一定要完成这个目标。"于是，我挤出时间，把 1 个小时的纯运动时间分为 3 次完成。也就是说，我运动了 3 次才够 1 个小时。大家可以想象一下，如果没有目标，这事可能随随便便就放弃了。

综上，我们围绕这几个目标做了前面那张图（图 1-1），你可以根据自己的实际情况进行修改，修改完之后，找出适合你的目标，之后朝着目标努力奋斗就好。我身边的人在我的影响下，基本都养成了每年做这样一张目标图的习惯，后续反馈的效果都很好。我们的人生只有短暂的几十年，通过对自己设定目标的努力奋斗，人生才会变得有意义、有价值。

绩效管理的四个环节构成一个循环

绩效管理也可以反过来理解，即"管理绩效"。做绩效考核的根本目的，并不是为了考核，而是为了提高员工的工作效率。管理绩效有一套流程，如图 1-2 所示，第一个环节就是制定目标，我在上一节已经给大家反复强调过这个问题，大家一定要重视它。制定目标后，非常重要的环节就是寻找导师，但这个环节往往容易被忽视。第三个重要的环节是改善环境，这里的环境主要指的是工作环境。最后一个环节是优化习惯，也就是根据前面得到的经验，改变自己的习惯。然后，再重新制定新的目标，这就是绩效管理的一个循环。这个循环我屡试不爽，对很多人和组织都产生了积极的效果。

很多人没有目标，也不愿意让别人教他。而在绩效管理的四个环节中，比较容易被人忽视的就是寻找导师。导师的作用就是帮助人们发现问题，很多人认为自己做的事情是对的，别人是错的，这

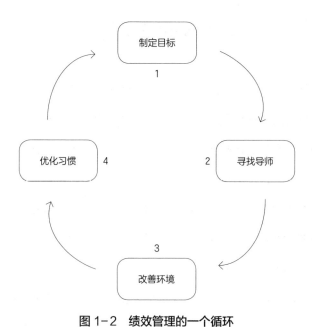

图 1-2　绩效管理的一个循环

样很难发现自己的问题。我也经常给别人提建议，有的人听完我的建议后并未重视，转头就把我的建议忘了。因为他活在自我正确的圈子里面，再加上没有导师的引导，很容易越走越偏。当我哪一点做得不好的时候，我就会主动去找相关领域的导师，让他给我指点一下，看看我哪些地方做得不好，有哪些解决方法。

很多人没有目标，所以不觉得自己有问题，也不需要拜师，不需要改变自己的环境。于是，自己慢慢适应了环境，比如房间该脏就脏，体形该差就差。这样一直没有变化，人们就会形成习惯，不愿意重新开始努力，人生也就没有了希望和未来。

| 制定目标 |

还是以孩子学习为例。孩子学习成绩差都是有原因的，无论现在在班级里的成绩排行第几，第一件事情就是要树立目标，我的建议是寒暑假的时候带上你的孩子去考察大学，而且要考察与孩子实际情况相符的大学。很多家长喜欢带孩子参观知名大学，给孩子增添了许多不必要的压力，而且也没有提前做相关大学的功课，只是在北大和清华门口照两张照片就结束了。我认为这是不正确的树立目标的做法，因为他根本考不上，去了只会丧失信心，根本起不到应有的效果。所以树立目标要切合实际，不能仅凭想象和自己的喜好去强求孩子。

正确的做法是考察两三个适合孩子成绩并有希望考上的大学。比如在北京的，如果成绩一般，可以去看看北京物资学院、北京石油化工学院，成绩好一点的就去北京师范大学、北京理工大学考察一下。然后抽时间可以再去外地考察两所同等水平的学校，综合成绩、地域等因素进行对比。这样考察完一圈之后，再问问孩子的意见，并综合成绩等因素，就可以开始制定目标了。

| 寻找导师 |

考察完学校，把目标定下来以后，第二件事情就是找老师。这里的老师不是狭义地指那些学科辅导的老师，只要是能有效帮助你的孩子提高学习成绩的人，都可以称为老师。很多家长喜欢去网上找一些考上北大、清华的优秀学生的学习方法，认为他们的方法一定是最好的，孩子如果照着做，说不定也能和他们一样考上北大、清华。但是这些家长忽视了最重要的一点，那就是每个人的天赋和努力程度不一样，他们提供的学习方法不一定适用于每一个人。如果盲目套用别人的学习方法，不仅收效甚微，而且还容易打击自信心。就像有人听完我的演讲之后，问我的记忆力为什么那么好，想学学我的记忆方法。我只能告诉他，我的方法并不一定适合你，因为每一个人的天赋不同。比如我就有记忆方面的天赋，我的记忆方法可能对你不一定有帮助。

那么什么样的方法才能帮助孩子完成逆袭呢？方法之一就是找到之前与你孩子学习成绩差不多的人，看他们是通过哪种学习方法考上理想大学的。因为他们原来的学习成绩不是那么好，想要考上心仪的大学，一定吃了不少苦，这样的人的学习方法可能对你的孩子更适用。

我 2018 年考研的总分数超过国家分数线 153 分，其中我的政治只复习了四天，就考了 68 分。虽然复习时间短，但因为找对了导师，用对了方法，所以取得了事半功倍的效果。

再比如我自己是做企业出身的，对于企业管理、绩效考核这些内容十分熟悉，所以我告诉大家的关于绩效考核的方法，对大家来说应该都是实用且有效的。

｜ 改善环境 ｜

一个学生的房间里面最需要什么东西？对于大多数人来说，就是一张床和一张桌子，而且桌子上不要放任何书本。当你在书桌前学习的时候，需要哪本书，就把哪本书拿过来，学完再把书拿走，书桌上面不要留任何东西。因为东西太多，容易让你分心，对于你的学习没有帮助，反而会因为找东西占用你的学习时间。所以在学习前，改善你的学习环境是很重要的一步。

还有一个有关学习环境的问题，就是我们的社交环境。现在人们的微信朋友圈有太多无效的社交，这些也会影响我们的学习效果。我的微信到现在为止，加的好友不算多，都是我精心挑选出来的。其实对我们人生同一个时间段能产生重大影响的人，一般只需要三个就够了。我在高中的时候，班里的第一名和第二名两个男生，再加上我，我们三个天天生活在一起，把其他的人全部隔离开。隔离了之后就没有了杂七杂八的事情，我们就有时间去做自己的事情，学习起来也就没有那么多的身外事打扰了。

｜ 优化习惯 ｜

习惯的本质就是一种效率管理，也叫时间管理。有的人时间管理能力很差，天天犹豫迷茫，由于没目标、没导师、没环境，也就没办法产生好的习惯，导致理想很难实现。所以我们需要不断地重复做绩效管理的四个环节，不断总结经验、优化自己的习惯，最终达到提高效率的目标。

基于绩效管理循环，我给朋友的孩子仔细讲解了提高学习成绩的几个步骤，首先帮他确定了合适的目标，和他一起敲定了导师，之后把他的房间做了清理，改善了学习环境，让他可以集中精力提高学习成绩。最后，他的高考成绩超过了一本线几十分，被一所医科大学录取。如果他报的不是医科大学，而是财经类大学的话，他还可能考上985 的院校。可见这个绩效管理循环，如果运用得当，是可以助你实现梦想，取得想要的结果的。

企业目标是企业发展的依据

| 提升企业目标价值认知 |

　　一家企业为什么要定目标？企业目标有什么作用？它对企业的效率会产生什么影响？上面我们介绍了个人能够成功的原因，大部分都是基于他自己树立的人生目标，那么企业也是一样。很多员工不理解企业的目标，认为企业目标就是老板克扣员工工资的一种变相话术。

　　事实上，这些员工的想法是在自己害自己。因为他们自己不定目标，也不想定目标，又不接受企业的目标，于是一天天地混日子，这无论是对企业还是对个人发展来说，都是十分不利的。因为个人表现如果不好，企业可以立马把他开除。对企业来说，无非就是换个人，但对个人来讲，由于没有进步，再换个企业还是这样。如此重复下去，这个人的职业生涯也就没有了未来和希望。这就是我们强调企业必须提高员工对企业目标价值认知的原因。想要做到这一点，就要从以下几个方面进行。

形成数据管理的文化

企业做绩效考核，首要作用就是形成企业内以数据管理为主的文化。

一个企业家问我："贾老师，我有十几家门店，有一些店经营得不好，但是店长的能力很强，我怎么平衡他们的薪酬？"我说："你说什么？"他又重复一遍说："有些店长业绩不好，但他们的能力很强。"我说："你真的以为业绩不好的人，能力会很强？"

其实我说这句话的意思是希望大家明白，在企业中，评价一个人的能力高低，数据分析是基础，而不能凭感觉，企业应该形成一种数据管理的文化。在我的公司里，几乎所有人都要按数据来看水平高低。我从来不听员工的任何诉苦，比如说我今天带病上班，明天加班，后天坐飞机，大后天说多少天没有休息了，在我看来这些都是借口。我每个月会和排名倒数后四名的总经理沟通，因为我重视数据上的表现。其实这就是绩效面谈，我希望我的公司形成数据管理的文化，员工每天做的工作通过数据可以显露出来，让混吃混喝的时代结束。

不断发现经营工作的变化

公司考核的目的是让大家往越来越好的方向发展变化。当然，有的人希望通过一两个月的考核，就达到非常完美的目标，其实不太现实。但我们通过一个月接着一个月的考核，就会从没有明显的变化走向积极的变化。就像减肥这件事，为什么那么多人放弃了？因为很多人短期看不到变化就放弃了。

一家企业从开始做绩效考核算起，两年之内，绩效考核这项工作基本上对这家企业的帮助是看不见的。而恰恰很多企业就是在两年之内放弃了绩效考核，并且一提绩效考核内部就炸锅，员工都不习惯，自然就很痛苦。

因此，大家都需要一个改变的过程。如果企业管理者发现员工对绩效考核有情绪，就妥协了，放弃了，最后肯定不了了之。就像健身一样，正常的人从开始健身到体形变得漂亮，需要半年到一年半的时间。根据我的实践经验，正常情况下，企业一般需要两年才会发生变化，五年才会形成习惯。

绩效考核是所有管理的基础

我们公司有很多管理方法，如财务管理软件、业务流程、股权改革、新产品市场调研、新建团队等，这些要做的所有动作都是需要考核的。公司没有考核文化、不做复盘，即使做其他很多改变也是没多大作用的。就像吃饭，如果你只依照自己的喜好吃，时间长了就形成习惯了，比如油炸的、甜的，这些食物吃多了，对人身体的影响都是非常大的。我们喜欢这些食物，又不控制，日积月累，结果就导致我们的身体一天天变差。

企业有很多管理方法，都需要绩效考核作为基础。在绩效考核的基础上运用管理方法，企业运行就会比较顺畅，遇到的阻力也会小很多。

考核中发现重大的问题

一个企业老总说："贾老师，我是做电商的，你有什么关于绩效考核的建议给我吗？"我说："你做电商肯定在亏钱吧？"他说："对呀！贾老师，我还没讲，你就知道了。"

其实我自己也做电商，做电商和做工厂是有区别的。工厂做的是企业产品，也就是做行业中的几个明星产品就可以赚到钱。而做电商，不能做企业产品，要做行业产品。比如汽车配件行业，如果是开工厂的，那么做车灯、地垫、方向盘都可以赚钱。但如果你打算做电商，在天猫或京东上卖汽车配件，如果只做几款明星产品，就不一定能赚到钱，所以你要做整个汽车配件的行业产品，而不是某几种单品。同样做汽车配件，大平台做的行业产品都不一定赚钱，你的企业想只靠其中几种产品去做电商，肯定亏钱。

根据我的经验，做电商有三大重要绩效指标：

第一，门店低于 5 家，亏钱。特别是只开一家门店的话，更不会赚钱。

第二，只做企业产品，不做行业产品，亏钱。

第三，融资只靠自己的资本，亏钱。

我在做电商的时候，每个月都要带着员工一起做考核，主要目的之一就是发现其中存在的问题。而且，企业里的每一个人都要总结自己这段时间里成功的密码和失败的密码分别是什么。如果不做考核，就只能知道企业的业绩从 2000 万元上升到了 3000 万元，不能发现其中可能存在的问题和隐患，这对企业未来的发展是毫无好处的。

统一目标

我们不能统一员工的思想，但我们可以统一员工的目标。一个企业在做绩效管理的过程中，要让员工清楚知道企业是干什么的，自己在这个企业里面具体负责的工作是什么、承担了什么样的责任、应该怎么去做。

能力评估

我们定好一个目标之后，就要进行相应的能力评估，细致考察我们的能力是否足够。如果不够，就要想出相对应的解决方法，是降低标准，还是增加预算，这些都需要提前考虑。

比如我们拍了一套视频，打算到抖音上去做广告，这时我们就要思考自己的能力是否可以把这条广告顺利推广出去。别人做抖音的基础是 500 万粉丝，而我们的抖音号只有 500 个粉丝，那么我们的能力肯定是不够的，我们就要思考怎么解决这个问题，这时可以通过企业的目标及目标检查体系来解决。

| 构建企业目标架构 |

构建企业目标，第一个重要的问题，就是做目标架构（见图1-3）。只制定一个目标是错误的，比如只制定业绩或利润的目标。并且目标架构是可以修改的，因为不同的行业、不同的规模、不同的发展阶段、不同的股东心态，对架构的要求都是不一样的。

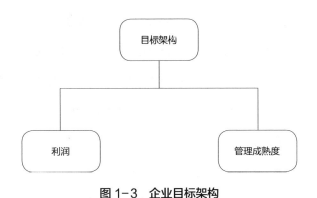

图 1-3 企业目标架构

我经常会问总经理一个问题："你做总经理和我有什么关系？"

总经理回答说："谢谢老板给了我机会。"我说："我给你机会，就是让你为公司挣钱，从而让股东们可以分到钱，你同意吗？如果你不能给公司挣钱，我会一直给你机会吗？那是不可能的。"

所有的经理人要明白一个道理，就是你没有为这家公司创造利润，你的危险系数就会变大。所以一定要清楚自己的定位，对自己有清楚的认知。

第一目标：利润

企业目标架构中第一个重要的目标就是企业的利润水平，也就是企业能不能赚钱。不能赚钱的企业是长久不了的，情怀不能当饭吃，所以企业永远要把创造利润当成第一目标。

利润指标有三个重要的方向，第一是业绩要大，第二是成本要小，第三是市场要多。想要得到利润，企业最重要的就是把业绩做大。这里需要注意一个问题，就是业绩做好的同时，还需要控制成本。如果成本较高，那么企业照样赚不到钱。比如一家企业一个月挣2万元，但成本要3万元，这种入不敷出的情况持续下去，企业即使利润再高，也会逐渐失去活力。

企业想要提高利润其实有一个好方法，那就是使利润复合增长。比如，你开了一家餐厅，虽然利润还算不错，但因为只有一家，所以利润只能依靠它。肯德基就不一样了，因为肯德基在全球有上万家门店，虽然每家门店挣的多少都不一样，但是把所有门店的利润加在一起，利润肯定比单一一家店要多得多，这就是利润复合增长的意义。为什么企业利润提高后，马上开始划分新的事业部、分公司呢？就是为了扩大企业的市场份额，使企业的利润复合增长。

利润复合增长所产生的效益不仅可以体现在企业的利润报表上，而且对于企业老板来说也是相当划算的。假如员工每个月的工资是1万元，那么他的上级就可以从他身上挣1000元。假如企业有1000名员工，老板从每一名员工身上挣1000元，一个月就可以挣100万元。这种计算方法就是复合倍增，和利润复合增长的本质是一样的。

企业在制定绩效的时候，不管是个人绩效还是企业绩效，首先要弄明白的一个问题就是怎样才能把结果做大，其中最重要的一个逻辑就是遵循复合倍增的概念。通过上面我讲的例子，相信你已经明白了利润复合增长的重要性，其实利润设计里面有很多与利润复合增长类似的规律，如果目标不清晰，执行起来就很困难，也很难发现里面的经营规律，提高利润更是无从说起了。

第二目标：管理成熟度

管理成熟度，通俗地说就是如何赚钱赚得更稳当。在企业有了利润目标框架后，第二个需要架构的目标就是管理成熟度，这项目标与企业管理水平息息相关。

有些企业老板制定这一目标时思路是不清晰的，甚至有的老板根本不知道企业赚了多少钱。之前有一家企业向我咨询相关问题的时候，我让他们把企业的资产负债表、利润表和股东回报分析表拿给我看看，结果这家企业过了好几天都没把这些资料给我。企业的财务经理解释说："贾老师，我们企业因为规模不大，所以从来没做过这些表，我们的老板也从来不要求我们做这些表。"我说："你们这家企业如果没有各种财务数据作为支撑，那么完全不可能考核成功。你们对自己的财务情况完全没有概念，说明你们对企业的发展是不清晰的，考核肯定也进行不下去。"老板自己想出来的，完全没有数据支持的战略只能叫伪战略，没有实际价值。而真正的战略一定是文字化的，体现在书面上的，能够被记录并保存下来的。

我没有花太多的时间去做业务，而是回到公司里面搞管理，就是因为企业的管理成熟度对企业发展影响巨大。企业的管理成熟度由三个重要的因素组成，分别是产品、人才、系统，即你的产品是否有竞争力、团队是否强大、系统构建得怎么样。这三个重要的指标又构成了我们是否能够创造出优秀的业绩，以及成功降低成本的重要因素。

┃ 制定企业目标规划 ┃

企业做目标规划非常重要。1.0 版本的企业目标的三个指标分别是业绩、利润、增长率，即挣多少钱、存多少钱、增长多少钱。一般的小企业只关注这三点即可，但是随着企业规模的扩大，只关注这三点肯定不行。比如突然间银行收贷了，企业就没增长率了；银行不给企业贷款了，企业又没有增长率了。再比如这两年由于疫情影响，经济形势不太好，压力大了，企业的利润也跟着降低了。

一家企业的经营目标，不能用一个年份去考察，而是要做长期规划。比如我自己的企业，制定目标时会进行至少二十年以上的规划，把战线尽可能拉长。当然，这个规划不只是一个大的目标，还有大目标中分阶段的小目标。根据我多年的实践发现，企业发展的前五年和后五年的战略是不一样的，需要关注的重点也有所不同。比如，我在分析了行业的发展特点之后，发现我的企业可能前五年都不挣钱，但是可以有效扩大体量，增加市场占有率。打个比方，现在人们需要订飞机票时，大多数人首先就会想到携程网。因为携程网的经营规模很大，并且通过合并其他同类企业，比如艺龙网，使其市场占有率一直在增加。经过几年的努力，携程网终于扩张成为独角兽企业，虽然利润一直不太高，但因为企业现阶段的目标是扩大体量，所以发展方向一直很明确，并未受到太多的阻力。

通常企业的体量扩大到一定规模以后，顾客受消费习惯的影响，在选择同类商品或服务时就会优先选择这类企业，这也是我的企业前五年的目标。后五年，因为企业体量已经上去了，所以必须把目标放到新的方向上，比如利润或者业绩。这样，企业就有了统一且明确的奋斗方向，在遇到问题时也不会因为搞不清方向而耽误企业发展的时间。

如前所述，企业目标规划来源于企业目标架构的制定。你在亲自制定过一些目标框架以后，就有了一定的经验，这时就可以进行优化。优化的最终目的，就是制定出更为清晰的企业目标。我在查阅相关资料，并结合自己企业的管理经验后，形成了图 1-4 中的目标规划版本。

首先第一个目标是业绩与成本，这个目标与阿米巴经营中提到的目标相似，即把业绩做大，同时省着花钱。很多企业只看重业绩，认为企业能从同行业竞争者中获胜的根源就是创造更多的业绩。但这个想法只对了一半，如果大家业绩相似，如何才能脱颖而出呢？这时就需要关注成本问题。同一个项目在其他条件相等的情况下，如果能用新材料代替老材料，使企业的成本降低，那么这家企业就有了获得利润的空间，即使业绩和其他企业差不多，也能通过成本的优势战胜对手。

第二个目标是市场空间，也可以叫作市场指标，是复合倍增的细分版。

小米公司生产了一种充电宝，售价 69 元。这个价格比同类其他产品便宜了很多，一上市就获得了大众的欢迎。但是，小米公司没有靠充电宝挣到钱，因为它的毛利润空间只有 5%。那么，小米公司是如何赚到钱的呢？

据相关数据显示，2021 年小米公司从 1 月份到 9 月份的归属母

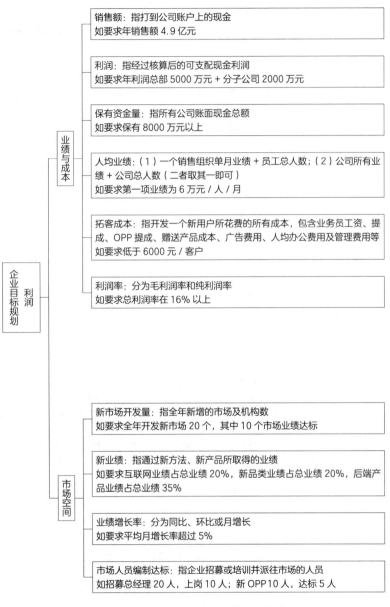

图 1-4 企业目标规划分解图（1）

新产品业绩：指本年度新推出产品所产生的业绩
如要求新品业绩占比 20%，总业绩额 1 亿元；40% 的旧产品实现更新换代

专利数、著作权数：指以企业名义申请的专利与著作权
如要求全年新增 30 个专利和著作权、50 个商标

专家质量与数量：指整合、猎头、培养的专家
如要求按照公司规划执行任务，达标率 100%

事业部数量与业绩：指企业新增的事业部数量与业绩情况
如新增互联网事业部，产生业绩占总业绩的 20% 且有利润

续单率：指重复消费的客户占总客户的比重
如要求续单率超过 60%，平均客单价在 XX 元以上

产品

人力资源效率提升：即各组织业绩 / 利润 ÷ 各组织人数，其中营销机构多用业绩、产品机构多用利润、职能人员两者均可
如要求新招聘人员组成的销售公司人均效率至少高于原来的 10%

规划人才达标：指按照公司目标要求，规划的关键人才数量达标
如要求按照业绩要求，规划事业部、销售公司操盘手人数达标

（专家 + 营销操盘手 + 技术操盘手）猎头：指按照公司目标要求猎头关键人才
如要求专家 10 人、营销操盘手 20 人、技术工程师 40 人

人才培训：包含人才培训规划、人员培训实施、人员培训通关
如全年 1 次学习型春节、2 次储备总经理训练营、4 次项目复盘会议、6 次储备营销干部培训、2 次运营培训、2 次技术人员训练营

人才

管理成熟度

企业目标规划

图 1-4　企业目标规划分解图（2）

公司净利润就有 168.54 亿元。小米公司之所以能赚到钱，就是因为它不仅做充电宝，而且还做洗衣机、空调、净化器、平衡车、行李箱等，最后形成了一条产业链。这条产业链的名字叫小米生态链，上面的产品帮助小米公司扩张了市场空间，实现了多个领域的同时发展。所以，虽然充电宝不赚钱，但是通过扩展市场空间，小米公司成功实现了复合倍增，利润也呈现出了逐年增长的势头。

我们的企业在制定目标时也要注意这个问题，不但要追求业绩和成本，还要追求市场空间。这里的市场空间，不仅是指不同产品的种类多样化，而且还有单一产品的市场选择问题。买西门子净化器的人，一般不会买小米的净化器。因为西门子的净化器一般售价在5000 元上下，而小米的净化器售价在 1000 元上下。同样型号的净化器，西门子比小米的贵了四倍。所以，小米公司从价格入手，瞄准的是广大的愿意花 1000 多元买净化器的目标群体，这个群体的潜力巨大，且不用和西门子等老牌企业正面竞争，市场空间很大。最终事实也证明，小米生态链是成功的，它帮助小米公司取得了丰厚的利润。

小米公司的成功给很多开始创业，没有太多现金基础的企业做出了良好的示范。企业在做目标规划时，除了守住自己的一亩三分地，还要把眼光放宽一些，尽量扩大自己的市场空间。

最后，目标规划中还包括系统、产品、人才等指标，其中，产品和人才属于同一套体系。从年度目标上讲，我们往往不会做系统指标，或者仅仅做少量的系统指标。当然，这几个指标也很重要，是企业在做目标规划时需要特别关注的内容，后面将会有更为详细的介绍。

| 建立业绩与成本指标 |

首先，企业要建立一个指标库。之后，企业需要把能找的指标都找出来。最后，企业把这些指标分门别类地罗列出来，找到企业目前最需要实现的目标，一般企业有 8 ～ 10 个关于业绩与成本的指标就足够了。企业不是什么事都要做，肯定要有重点，如果能把 20% 的关键指标做好，那么剩下 80% 的工作就不会特别困难了。

销售额

销售额就是业绩。决定业绩的第一个重要因素是企业的产品。产品本身不好，也就很难获得消费者的关注。我们要从两个方面考虑：当我们有一个好的产品，但是销售量不好怎么办；当我们的产品很普通，怎么把业绩保持住。这时，就要考虑企业销售部门的流程建设。

长松股份是一家销售流程非常成功的企业，正是基于此，我们才能在众多的咨询企业中脱颖而出。而那些业绩没有我们好的企业，并非组织系统咨询做得不好，主要原因在于他们的销售流程没有打通。

长松股份之所以能顺利打通销售流程，是因为我们掌握了一些核心技术。比如我们发现让普通业务员去做公司的销售业务是不行的。我们的客户都是企业老总，并且我们一个单子都在几十万元，业务员根本谈不了，也就成功不了。辅导师和咨询师做业务也不行，因为让他们谈成交可以，但是他们根本不知道客户在哪里。这就造成了前端有客户成交不了，后端成交得了但没有客户的尴尬情况。

根据上面的情况，我们讨论后决定在销售流程中加一个非常重要的岗位，叫技术成交工程师，我们内部叫 OPP（即英文"opportunity"的简写，这里指的是机会。OPP 老师就是介绍市场机会的人）。技术成交的意思是，我懂技术原理，但我不做产品，我学习和懂得技术原理的一切目的，就是为了成交，所以我的后端是技术工程师，前端是业务员，我在中间专门做成交。这个群体在我们公司有 60 个人，其中有 20 个人的业绩做得特别棒。目前，我们公司一年可以达到 4 亿元左右的业绩，而这个业绩就是通过达成这样的销售流程做出来的。

我们在给一家企业设定具体的销售额目标时，一定要有实现这个目标的相应方案，而且要切合实际。

2021 年年底，我们召开董事会制订 2022 年的目标，他们给出的计划目标是 7.2 亿元，我一听就吓坏了，其实我内心的目标是 3.6 亿元。按道理来说，我作为董事长，应该把目标定得比较高才对，但是我不满意这个目标，感觉它和实际相去甚远，根本实现不了，还容易打击员工积极性，所以制止了这个目标的推行。

他们定 7.2 亿元的目标，对他们的收入有帮助，因为他们都是有分红的。但是如果企业定下 7.2 亿元的目标，那我自己的贡献就得更大一点。比如我讲课时间得翻倍，得加班研究产品。那就我目前的情况来讲，算是超出自己的能力范围之外了。我制订的目标是 3.6 亿元，主要因为企业以前的利润就能达到 3 亿元左右，按正推法推论出这个目标是比较容易实现的。

最后我们商量了一下，对目标进行了精简，压缩完以后剩 4.9 亿元的目标，最终以这个数额和董事会的成员们达成一致，签订了目标责任书。到目前为止，我发现要想实现 4.9 亿元的目标，其实难度还是挺大的。因为我们一个月的业绩也就两三千万元。企业的目标一定要切合实际，高一点可以，高太多不行。

利润

利润对企业来说十分重要，首先要有利润，才能保证企业正常运行。经过核算以后可以支配现金的利润，我把它叫作企业的利润指标。企业对利润的核算理解不同，比如有的企业是按资产的增值计算，而有的企业是按现金增值来算。以我为例，我比较注重的是按现金增值的利润核算方式。

我在利润管理上有三个建议：

第一，给股东的分红一定要及时。

不能说肉烂在锅里，反正都是我们的，而是要有一套明确的分红方法，时间也要及时。

第二，要按可支配现金的利润进行核算，尽量不要拿固定资产做投资。

有的企业今天买块地，明天买套房，后天收购一家工厂，大后天再买几台设备，把半辈子挣的钱全投进去了，结果最后一点现金都不剩。即使你的资产有 10 亿元，也不如你有现金 2 亿元，资产在关键时候不一定能马上套现，想用钱的时候根本没有机会。所以我对现金利润的核算要求是比较高的，要求企业一定要有现金利润。

第三，把公司的总利润细分成小组织利润，可以更加灵活地进行管理。

也就是说，企业有很多个分公司，每个分公司都有利润，这样企业就可以用不同方法去调控它们。

需要注意的是，销售额和利润之间的推算方法，必须要减去对应成本，不然算出来的利润额有可能和实际的利润额差距较大。

资金保有量

有的企业销售额很高，利润也很高，但是它倒闭了。究其原因，很多时候是因为企业盲目扩张，资金链断裂了。

如果不扩张，正常情况下是没有问题的。但只要一扩张，又投资几个项目，销售额是增加了，但开支也增加了，这时候老板就可能亏损了。亏损一年两年没有问题，还有储蓄不至于破产，还有朋友关系可以借贷。但如果不做出改变，那么他最终还是会支撑不下去。破产的原因就是他不注重资金保有量这个指标，有了钱以后就盲目投资，尤其是涉足自己不熟悉的领域，最终迷失了自我。这种企业现象在现实生活中有很多，比如一个卖鸭脖子的，非要去扩张房产；一个做服装代理的，非得去搞旅行；一个做房地产的，非得去搞演出；等等。

我一直非常关注公司的资金保有量，要求其资金保有量要达到8000 万元以上。事实上，长松股份的总部加上子公司，常年的资金保有量是超过 1 亿元的。

有一次，我在一个 600 人的大课上，请公司资金保有量超过 1 亿元的举手，结果只有两家企业举手，也就是说大部分企业都拿不出钱来。我当时就在想：你都拿不出钱来，还搞什么战略？所以不管是个人还是企业，资金保有量的目标规划都是很重要的。

我刚参加工作的时候，和太太的工资都比较低，所以我们一般一天只吃两顿饭，早上吃根油条、喝碗豆浆，晚上一起吃一碗刀削面，中午不吃饭。因为我们俩有一个目标规划原则，就是要把 50% 的工资存起来。

所以，我大学毕业九个月以后就付了首付，买了属于自己的第一套房。因为我有存款，有资金保有量，而别人没有。别人动不动就周末爬山、逛商场，到处去玩，我从没有过。因为有了这个目标，所以我的工资都存了下来，并成功买了房。

人均业绩

近几年，苹果公司的人均产值都在 200 万美元左右，在全球企业中是最高的。算起来，也就是每一年每个人创造的平均销售额是 2000 多万美元。长松股份每个人每个月的平均业绩是 4.8 万元。之后我们对人力资源产生的效益做出了评估，把人均业绩的目标定到了一个月 6 万元。做人均业绩的目标时，要考虑公司的人力资源效率情况。比如我们的工作主要是销售，那么制定目标时就不能太高，要考虑每个人的实际情况。

拓客成本

拓客，顾名思义就是开拓新客户的成本。具体到企业的拓客成本，是指开发一个新客户所花费的所有成本。很多企业业绩很高，但就是没有利润，原因就是算账的时候忽略了拓客成本。我经常看见很多老板是这么算账的，假如卖一支笔是 100 元，成本是 20 元，运营成本是 20 元，那毛利润应该是 60 元。但实际上这些老板的企业还是在亏钱，原因就是很多看不见的成本没有算进去，比如等待新客人的成本。公司等一个项目，假如今天没有等来客户，但公司的房租、水电、员工工资，甚至是停车费每天都在产生，所以等待的成本非常高。这些都属于间接的持有成本。据此，我计算了长松股份的拓客成本，发现每天的业绩只要低于 6000 元，把间接的持有成本减掉之后就赚不了多少钱了。要改善这种情况，企业就要优化产品结构，制定目标时也要从这个方面来考虑。

利润率

利润率有毛利润率和纯利润率之分。中国人一直有一个理念，叫薄利多销。其实不然，第一，薄利不一定能多销；第二，薄利不一定有利润。

我们公司上个月的销售额是 100 万元，毛利率是 20%。这个月企业的销售额不好，所以我打算降价 10%，之后得到的销售额就能保持不变，还是 100 万元。但是如果不降价，我只能达到上个月 90% 的业绩。根据上个月的销售额和毛利润可知，我能有 20 万元的毛利润，即 100 万元乘以 20% 的毛利率。我的销售额还是 100 万元不变，我的毛利润就变成了 10 万元。但是如果我不降价，毛利率还是 20%，那么最后我的销售额会损失 10%，即 90 万元乘以 20% 的毛利率，得到 18 万元。

根据上面的例子，我们可以清晰地看出来，在销售额下滑的情况下，企业首先要保住的是毛利率，而不是随意降价。很多企业不重视利润率，以为根据销售情况可以随意修改定价，得到的结果就是虽然保住了销售额，但是企业得到的利润反而减少更多。

综上，一家企业在制定业绩与成本目标的时候，不是随便找几个指标就可以了。我们要非常慎重地了解企业需要什么，特别是在企业迅速发展的过程中怎样让利润最大化，之后量体裁衣，找出最适合企业的几个指标。

除了上面讲到的这些指标外，还有一些指标也与利润有所关联，比如之前讲到的复合倍增的概念。如果企业想要扩展市场，或者开发新市场，那么就需要增加与复合倍增相关的指标，这也可以帮助企业达成业绩目标。

| 建立企业市场空间指标 |

根据相关数据统计可知，世界知名餐饮企业品牌中的中国品牌很少，这是为什么呢？中国的餐饮连锁最大的问题就是很难标准化，口味也很难统一。庆丰包子铺在北京卖得比较好，连锁店很多，但是拿到成都卖，可能就活不下去了。与此形成鲜明对比的是美国的餐饮企业，如麦当劳、肯德基等，它们在发展过程中，就考虑到了如何做全球化的问题，所以它们可以开到世界各地，并被当地的市场成功接受。

上面这个例子中，麦当劳、肯德基考虑到的标准化、全球化，其实就是企业的市场空间指标如何制定的问题。企业在制定目标的时候，无论用什么思维方式，最后一定要落到具体指标上。比如我们追求的是新市场开发量是多少，想要增加多少新业绩，业绩的增长率要达到多少，等等。而且这些指标不能空口说，最好能编制出一张对应的扩张达标数据表。一个员工、一个团队为企业贡献了多少，可以直接从数据中得出。只要数据没有变化，员工就要变化；只要数据没有变化，团队就要变化。因为只有团队不断地有数据变化和浮动，这个团队才能维持下去。不然员工、团队一潭死水，数据自然上不去，时间久了，还容易下降。

新市场开发量

市场空间的第一个指标就是新市场开发量。我们有几个同行企业在新市场开发这方面做得非常不错，花一年时间就能扩张多个子公司，一年的业绩可以达到几亿元。当然，这样迅速开发新市场对于企业来说风险还是很大的，万一没控制好，很容易入不敷出。对于我来讲，更希望企业的持续性长一些。我认为企业还是需要有一些使命感，要为社会做出一定的贡献，企业家也需要保有一定的情怀，能为社会和国家的进步贡献自己的力量。而且，基本上每家企业都会有自己的 slogan（标语），代表了这家企业的理念和核心文化。如果你的企业只想挣快钱，背离了企业的理念，那么这种表里不一的行为就会破坏公司的文化，员工和消费者就会对企业产生怀疑，即使子公司开得再多，也会逐渐走向消亡。

新业绩

想要有新业绩，就要掌握一种新能力。根据我的亲身经历，想要掌握一种新能力，并把它变成财富，至少需要五年的时间。

2004 年，我刚到美国的时候，英语特别不好。我下飞机后，搭了一辆出租车，给了出租车司机一个地址。我用笨拙的英语告诉他地址是 18000 号，结果因为紧张，我少说了一个 0，变成了 1800 号。这个司机拉着我跑了好久，都没找到地方，后来他把我放到一个地方，告诉我已经到了，就把我赶下了车。我一下车才发现周边是一片荒野，而且因为是星期天，大多数的商铺都关门了。幸好旁边有一家小便利店还开着门，我通过店员的帮助才顺利到了要去的地方。之后，我便开始努力学习英语，知道想要在美国创业成功，首先就要过语言关。

到美国去经商后我发现，美国跟中国的工作习惯差别很大。我们要和美国人沟通，需要提前很久就开始预约，如果你只提前一两天预约，那么大概率是约不到的。比如家里的水管坏了，我在中国打个电话，半小时之内维修师傅就来了；但是如果在美国水管坏了，维修那边需要你约一个时间，还要看他到时候是否有空。因为工作习惯等完全不同，为了能在美国创业成功，取得新业绩，我们需要掌握新能力，慢慢开始学习适应美国的工作节奏，融入美国的商业环境中。

我们在美国做电商到现在已经有四年的时间，2020 年的年销售额是 6700 万美元，2021 年想要做到 7000 万美元。也就是说我们在美国三四年的时间，就创造了近 4.9 亿元的业绩，这个成绩和长松股份基本一致。

当时定下这个目标后，我的压力很大，因为实现这个目标不容易，我开始每天不断去学习互联网知识。特别是我们自己的店铺，在易贝上做过，在敦煌上做过，还到亚马逊上做过，进行了各种尝试，关店都被关过七次。关了我们就要申诉，一申诉就要三个月。这三月里，我们这边有员工、有仓库、有车，时间、金钱都耗在了这里。

刚开始的几年，我们没有经验，只能一点一滴地学习积累。学完后，我们就制定了科学的战略。我们不断学习，不断去解决问题。第一，我们先解决了语言的问题；第二，我们解决了劳工的问题；第三，我们解决了客户谈判的问题以及法律的问题。这些问题我们都解决完了以后，公司业绩就开始了增长。

所以，一家企业要想变革，产生新业绩，就要先定指标。想有正确的指标，就要先定目标。不定一个目标，也就不会为这个目标付出努力。因为任何一个目标的实现，都需要人们投入非常多的精力。

比如我读博士这件事，对我来讲就是一件非常痛苦的事情。我读硕士时天天搞实验、做数据，每天头都是晕的。当时我就在想，硕士都困难成这样了，博士还怎么读下去？但我没有放弃，因为我的目标还没达到。于是，我又咬牙去申请了一个法国大学的教育学博士。这就要求我必须学会法语。我大女儿之前比较喜欢吃西班牙的一种特色食物，为了和西班牙人沟通，居然自学了这门外语。大家可能会觉得这件事情很神奇，其实我也见过有的女孩为了看韩剧，把韩语自学成功的例子。事实证明，学习虽然很痛苦，但只要你有一个坚定的目标，并且有一定的兴趣，那么还是比较容易实现的。我女儿修完西班牙语以后，还想学法语。正好我也要学法语，于是我们一起学习，让学法语这件对我来说痛苦的事情变得容易了一些。

所以，你只要确定了一个感兴趣的目标，再去实施它的时候，就不会那么痛苦了。后来我到法国以后，发现原来事情没有想象中的那么困难。大部分人在成功的路上是比较寂寞孤独的，你会发现，做一件比较辛苦的事情的时候，身边能陪着你的人总是那么少，甚至连个聊天的都没有。但只要你能坚持住，把目标实现，你就会获得成就感，新业绩也就不难实现。对于企业来说也是同样的道理，企业想要产生新业绩，就需要员工去掌握新技能、开拓新领域，虽然过程可能很痛苦、很曲折，但只要坚持住，熬过去，那么企业获得新业绩也就是水到渠成的事情了。

业绩增长率

　　企业的增长率要尽量和国家总体的增长趋势一致。作为一个企业老板，正常的增长率是发不了财的，企业需要有高于一般经济增长率的非正常增长率。这就更要求企业老板必须有快速发展的意识，主要就是指企业的利润发展。如前所述，企业的利润有三个重要的来源：一是业绩不断变大，二是成本不断优化，三是市场不断变多。我们一切的业绩就围绕这三个主题来展开，其他指标都以这三个指标为支撑点。反过来，业绩、成本、市场这三个指标归根结底就是为了利润。所以，想要提高企业的业绩增长率，就需要企业制定和利润有关的目标，并细化实施。

｜ 建立企业系统指标 ｜

　　我们为什么挣钱？因为我们渴望拥有很多东西。但是拥有不是我们的追求，我们真正想要的是成为什么样的人。通常，人们首先会思考我干什么；其次我干完活，得到了什么；最后因为我得到了什么，于是我就成了什么。这是一般人的思考顺序。

　　我们经过长期的绩效管理发现，不管是对企业还是对个人，如果只追求利润是相当危险的。我们必须懂得什么是大是大非，以及如何做好个人效率管理。大是大非就是你不能为了挣钱，什么事都去做。

个人效率管理就是如果你只去挣钱，其他搞得一团糟，就是没有效率的。对待一家企业也是这样，企业不但要变得锐气、富有，还要变得强大。要想强大，就要有一些指标作为约束，比如产品指标、人才指标、系统指标。

华为这家企业很厉害，主要是得益于它的管理。华为的产品别的公司也有，华为生产手机，苹果也生产手机；华为有5G技术，爱立信、高通也有；华为有芯片，英特尔公司也有；华为有资本，高盛也有。但是华为还是脱颖而出，甚至比阿里巴巴、腾讯、百度三家互联网企业加一起的利润还高。

华为取得骄人业绩的主要原因之一就是华为对管理系统的重视达到了"变态"的程度。根据我了解到的数据，2019年华为1到9月份的业绩是6100亿元，其中研发费用就达到了400亿元。华为早期寻找了十几家咨询公司为自己做管理系统，其中有一家叫合益（Hay）。合益公司以前在中国根本没有业绩，也没有分公司，华为内部对合益公司做了很长时间的背景调研，经过严格筛选，最终选定了这家公司。

我们今天看到的华为用到的很多管理方式，是其他中国公司根本没有的。比如IPD、物流体系、营销流程、SP等。像IPD就是IBM的研发体系，里面包括企业文化系统、干部系统、胜任力模型系统、薪酬系统、考核系统、股权系统等，全部都是由该系统的专家帮忙建立起来的。

华为的成功告诉我们，管理成熟度会影响利润，尤其会影响到企业的长远发展。中国民企老板最大的问题之一，就是除了做和赚钱有关的事情以外，其他的都不做，甚至包括员工必要的休息、必要的福利只有到了非做不可时才去做，平时能省就省，最后企业与员工变成了赤裸裸的利润关系，这对企业发展来说绝对是百害而无一利的。

企业做不大，要从规划上找问题。一家企业的目标规划，代表的是一种信仰，一种价值观。华为在这方面投入了非常大的精力，可以说华为是中国企业的典范。华为的这种思维，与世界知名企业的理念是匹配对接的。

那么，企业要建立什么样的系统指标呢？

我认为，一家企业有几个系统指标是一定要建的，其中第一个重要的系统是销售流程系统。销售流程系统一般又包含三套系统：

第一套是服务系统，就是我既不需要销，又不需要售，而是让客户主动上门来买我的东西。这套系统我们无法去做推销，而是靠服务取胜。

第二套是销售系统，就是客户进店之后从卖到买，要有一套完整的成交系统。

第三套是解决方案系统，就是短时间内卖不掉的东西，可以马上找其他方案进行尝试销售，甚至参与招标。

除了最重要的三个系统之外，企业还要建立组织系统、财务系统、产品研发系统、物流系统、人才培养系统等。完整的系统指标可以帮助企业做好企业管理，并实现可持续发展。

｜ 设定企业产品目标 ｜

企业系统指标建好以后，接下来就要看产品。我认为，民营企业目前最薄弱的不是系统、人才问题，而是产品问题。大部分的企业老板，往往只懂得一两个小产品的开拓，其实总体上是很落后的。很多人说自己的产品卖不掉，没有业绩，没有利润，但他们很少去考虑自己对产品投入了多少精力。打磨产品是非常痛苦的一件事情，主要的原因是企业研发出来一个产品，到能创造利润还很遥远。我把企业制造新产品比喻为学习新知识，这对我们来讲肯定是一件不轻松的事情。

为什么大多数人不会为自己十年后的发展主动学习一项新的技能？主要是因为他们安于现状，没有给自己制定明确的可持续发展目标。以我为例，我在很早以前就给自己定下了目标，如果十年以后我不讲课了，就去做电商，所以我很早就开始尝试学习如何做电商。我现在还经常问自己，再过十年，如果电商行业衰落了，我应该怎么办？结论是我现在还得再学习一项新的技能。所以在 2021 年 1 月，我报名了与基金管理相关的课程，现在每天会用大概一个多小时的时间进行学习。关于基金的操盘和运作方法，我估计要用五年的时间学成。如果能够学成，那么我身上就拥有了四项技能。第一，我在生物学方面掌握的技术算是行业内比较顶尖的，找一个生物技术方面的工作对我来说应该不难；第二，我比较熟悉了解组织系统，可以为企业做相关的咨询和培训；第三，我会做电商；第四，我还可以做基金管理。拥有这四项技能，我基本上能保证自己今后四十年都不会有失业的危机出现。

所以各位一定要思考自己能学点什么，最终形成一个成熟的技能。尤其是做家长的人学好以后，除了对自己有用以外，还可以帮到孩子。比如再过十年，我的女儿就毕业了。我打算到时候和她一起合伙创业，开一家基金公司，这样我就可以带着她一起工作十年，十年以后我就可以把这个工作放心交给她。我觉得家庭教育的最好办法就是一起做，一起成长，这是学校里面学不到的内容。

新产品业绩

新产品业绩是指企业在一个年度中新推出的产品所产生的业绩。企业产品有一个规律，尤其是当下的电子产品，在一段时间以后，价格通常会下降至少一半，而同样的产品功能会增长一倍。为什么现在爱奇艺没有抖音厉害？因为爱奇艺和抖音的功能不一样，爱奇艺上面的视频都很长，而且还得自己找感兴趣的内容，特别消耗时间。但抖音都是短视频，时间不长，而且抖音通过一种算法，可以精选出你喜欢看的内容。抖音不断在想象你在想什么，根据你的想象和习惯，推给你想看的东西，而爱奇艺这项能力还不够完善，所以抖音越来越受欢迎。

电子产品经过一段时间以后，可以提供双倍的功能，但成本是原来的1/2。我的第一台65寸的液晶电视是日立的，买的时候是19500元。我和我太太抬回家的时候非常小心，因为这个东西太贵了。现在65寸的小米电视才2999元，比之前的电视便宜了不少。但你家能放两个电视的，绝对不会再放第三个，一个东西当你已经够用的时候，就不会多要了。现在囤房，是因为很多人没有，所以就认为它值钱。如果有一天房子随便买，变得不那么值钱，你囤的房越多，持有成本越高，你也就不再囤房了。

专利数、著作权数

专利数、著作权数是指以企业名义申请的专利和著作权。对于大部分企业来讲，你永远不要想着靠一个产品，可以挣超过好几年的钱。比如我们做的营家App，就只想挣这三年的钱。如果三年以后我还能挣钱，要么是我们进化了，要么就是我们的竞争对手太菜了。所以，对于现在大多数的互联网产品，研发完挣三年的钱就够了。

因为世界变化太快了，所以产品也要跟着一起升级变化。我们不可能一下子就达到一个很高级的阶段，但是我们可以不断地更新。比如，现在我去天猫、京东上搜茶杯，可以搜出几十万个结果。因为可以选择的项太多，所以反而让人不知道选哪个好，造成时间的浪费。

美国中产阶层去好市多（Costco）超市买东西从来不用思考，直接拿就行了。超市里面的产品种类十分丰富，一个人吃喝拉撒睡需要的东西基本全有。最重要的是，它给顾客提供的每个种类中的选项很少，比如它的音响只有两款，你要么选A，要么选B。红酒就六款，猪肉就两种。因为它已经替顾客提前把最适用的几款挑出来了，所以顾客直接挑选自己最喜欢的一种就可以了，非常省时省力。好市多一个人一年的会员卡是140美元，这个是不能换积分的，但是购买会员卡的人依然很多，所以好市多一年的利润可以达到400亿美元。我认为，未来的购物场景会是这样的，根据一个人的年收入，算出来这个人适合的几款产品，之后让他自己在上面下单，根本不需要海选。因为每个人都有各自的需求标准。

专家质量与数量

专家的作用就是帮助企业挑选出最合适的产品，之后对销售、讲师等进行培训，专门针对这些产品来进行售卖。除此之外，这些专家还需要帮助企业及时更新产品，增加或删减产品功能，保证企业的产品一直拥有很强的竞争力，这也是我们公司能够一直处于行业领先位置的重要原因。

很多人总想"一招鲜吃遍天"，但社会变化发展太快了。在美国，有些房子就是比集装箱大点的钢架构，房子主体是一个带玻璃的箱子，地是租的，很便宜。你买了这个箱子以后，想要几层，他就给你挂到几层，打破了传统房子的概念。这种不叫租房，而是叫租活，英文叫 rent light。这个公司认为 100 套房子如果有 100 个餐厅，就是巨大的浪费，因为很多人根本不用餐厅，单身的时候一个卧室就可以了，结婚了换一个大一点的。有小孩了，可以再换个更大的。小孩长大了离开家，可以再换个小的。这样的房子要比现在的房子成本低很多，这才叫真正的共享资源，人们也就没有必要天天为了一个房子而变成房奴了。

一家企业的产品如果一直不变化是很可怕的，产品怎样走进客户，与客户进行深度融合是需要做规划的，如果能得到专家的帮助，会规划得更顺利一些。

除了上面讲到的有关产品目标的三个重要指标外，还有两个指标需要企业关注，即事业部数量与业绩，续单率。这两个指标理解起来都比较容易，就不单独列出来讲了。如果你对这两个指标感兴趣，可以翻回到本书第 37、38 页的企业目标规划分解图，图上有关于这两个指标的定义及举例，可以帮助你更好地理解这两个指标。

| 制定企业人才目标 |

企业家或企业领导者一定要学会让他人完成工作，而不仅仅是自己埋头工作。比如我的工作主要就是做别人做不了的事情。有的人喜欢所有的事情都自己做，但是自己做这些，很多时候是在浪费时间，因为术业有专攻，领导者做出来的成果可能还不如专业的技术人员。

一家企业的团队构成主要包含三个重要的群体：第一个是核心的战略管理者，第二个是利润管理者，第三个是执行者。战略管理者主要管别人做事，一把手主要管几个战略管理者；子公司总经理、项目负责人都叫利润管理者，他们是直接创造利润的人；员工是执行者，企业要把创造利润这件事交给每一个人。

要想成为一家优秀的企业，需要具备四个架构：第一是执行战略，第二是管战略落地的，第三是创造利润的，第四是创造利润的分工者。公司缺任何一个群体角色，或者这个角色不强，老板都会很辛苦。

企业的人才建设指标含有以下几项：

人力资源效率提升

在未来，人工一定是会减少的，能让机器干的活，就不要让人干。这样，企业的人力资源效率就会得到稳步提升。

规划人才达标

我们公司的人力资源部工作当中有一个词叫"打新"，意思是招聘新辅导师。新人来了之后，下一个工作就是要他们创造出业绩。创造业绩是否达标，就成了一个非常重要的考核指标。如果来了一大堆新人，没有业绩，还要发工资，问题就大了。所以除了原有员工的效率要提升之外，扩张的新人也都要业绩达标。

猎取更多的二级人才

作为利润的创造者，营销操盘手、专家、工程师全是企业需要的第二级人才，我们公司的营销操盘手现在大概有十几个，专家只有两三个，所以我们公司今年人力资源的工作压力还是比较大的。

人才培训

我们公司的培训要比其他公司的培训多得多。比如最近我们在和SPI培训合作，加上交通费、飞机票、住宿费，一个项目要花几百万元。但我个人觉得公司的培训依然不够，员工的能力提升速度还是太慢，拼搏奋斗的精神还是不足，员工的成长速度还得继续加快。

人才、产品和系统做得比较完善的话，对利润增加是一种推动作用。当然，如何考核是一项技术活，就像我前面提过的，企业家和团队负责人要明白，这么多指标，每年挑选 8 ～ 10 个指标导入到自己的企业或团队中应用即可，而不是所有的指标都要考核，因为这样工程量会非常大，财务的计算也会非常麻烦。

我们可以把这 8 ～ 10 个指标分为三类：第一类是数量类指标，比如业绩类的指标都属于这一类型；第二类是质量类指标；第三类是满意度类指标。

对于一个员工来说，数量类的指标就是我自己要挣多少钱，质量类的指标是我要身体健康，满意度类的指标是我与大家的关系都很和谐。对于一家企业来说，也可以从这三类指标出发：数量类指标，这家企业的利润很高；质量类指标，这家企业的综合竞争力很强；满意度类指标，客户对这家企业很信任。

2

第二章

企业经营目标的规划

企业目标制定方法

　　企业目标的制定方法主要有两种，一种是正推法，一种是反推法。两种方法没有对错之分，只是方法论有所不同。比如你打算装修房子，需要制定的目标有：什么时候装好、用什么材料、每天的进度如何。这种装修目标的制定方法就是反推法，即先思考入住的时间，再往前推算实现该入住目标需要的装修进度。当然，用正推法制定装修目标也可以，但是在效率方面会比反推法差很多，有可能会耽误你入住的时间，带来时间、金钱等方面的损失。

｜ 反推法 ｜

　　这两种方法对比来说，反推法其实更容易使企业做大。反推又叫倒逼，也叫被迫式目标，即先定多少年之后必须要达到的目标，再反推到现在需要做出什么努力。

企业用反推法的前提是需要明确，到某一个时间节点上一定要达到一个什么样的目标。

我见过一个女企业家，她说自己的理想是十年以后企业的市值达到 100 亿元。我问她："你的目标为什么要定 100 亿元？"她说："如果我说企业的目标是每年收入增长 20%，肯定不会引起你们的关注。但是我说十年后要做到 100 亿元，你们就会把注意力和焦点投向我，这样我就有机会获得更多的资源。"她拿了企业的目标计划书给我，我一看就知道这个人是一个企业管理的高手，更是一个组织调配的高手。这件事情过去五年了，她刚开始创业时公司的市值才 6600 万元，现在的市值已经达到了 22 亿元。虽然离 100 亿元的目标还有很长一段距离，但我想再过五年，她很有可能达到这个目标。因为从几千万元到 22 亿元是很难的，但是从 22 亿元达到 100 亿元，一般情况下两三年就可以做到了。

根据反推法，我们长松股份定的目标是 2025 年要达到市值 50 亿元。想要达到这个目标，如果市盈率是 25 倍的话，利润就要达到 2 亿元。在 2019 年时我们能达到 3 亿元的业绩，可以做到 5000 万元的利润。我们的利润从 2019 年的 5000 万元达到 2025 年的 2 亿元，用反推法核算一下，那么 2024 年我们的利润大约要做到 1.5 亿元，

2023 年的利润应该是 1 亿元，2022 年的利润应该是 8500 万元，2021 年的利润应该是 7500 万元，2020 年的利润应该是 6200 万元。也就是说，我们要想在 2025 年实现市值 50 亿元、市盈率 25 倍、利润 2 亿元的目标，我们每年的利润目标就必须制定到上面推算出的数额。

我们 2020 年的市盈率有可能还是 10 倍，假如 2021 年的市盈率是 15 倍，再持续发展几年的市盈率是 20 倍……2 亿元的 25 倍是 50 亿元，1.5 亿元的 20 倍是 30 亿元，1 亿元的 20 倍是 20 亿元，8800 万元的 15 倍约为 13 亿元，7500 万元的 15 倍约为 11 亿元，6200 万元的 10 倍约为 6 亿元。于是我们的市值目标已经出来了，2019 年是 5 亿元，2020 年约为 6 亿元，2021 年约为 11 亿元，2022 年约为 13 亿元，2023 年约为 20 亿元，2024 年约为 30 亿元，2025 年约为 50 亿元。用倒推法，我们就可以根据未来的一个目标，把任务往前推，直到算出现在的目标是多少。

对于个人来说，你是否想过做一个七年的个人目标？比如七年后你有没有结婚？有没有生子？有没有买房？是什么学历？存款多少？理财多少？如果你要实现这些目标，现在就要推导出到今年为止你要做哪些事情，之后你会突然发现，自己的时间根本不够用。

对于长松股份来讲，想要实现 2025 年的目标，我们的解决方法可以是并购其他公司，或者开独立公司，把利润补回来。当你发现自己企业的主营业务不能达到目标的时候，你可以选择并购或开拓新的业务，最后实现合并报表后的利润。你也可以尝试通过投资其他企业，对其进行参股，拿我们的钱换别人的利润，来实现我们的利润目标。

还是以长松股份为例，如果我们想把利润从 1000 万元增长到 5000 万元，因为增长的数目较大，所以一定要有一个重要事件帮助我们实现这一目标。我们采取的方法是并购一家有利润的公司，2020 年我们做完了这件并购大事，之后还打算在 2021 年的时候做股改融资。

只有融到更多的钱，我们才有可能得到更多的优质资源，之后再次提高我们的利润。等利润达到一定水平之后，我们为了再提高一个档次，就必须去上市，提前进行 IPO 申报，要在 2023 年的时候申请主板。运用反推法进行目标规划之后，我们发现要想在 2021 年进行股改融资，就必须在 2020 年进行合规管理，要想实现合规，就必须在 2019 年提前做一个重要的动作——公司注销，所以我们在 2019 年注销了一些分公司。

从上面的逻辑中你会发现，用倒推法会让你的目标有一个严谨的路线图。虽然它有点复杂，但是对企业来说很有意义。比如我们公司在做完注销公司等几个关键的动作以后，就开始了合规管理。具体做法是：第一，打通我们的财务系统；第二，达成我们的流程系统。所以，我们当时聘请 SPI 做咨询是有战略目的的。合规完成以后，我们还要有新的业绩增长点作为辅助。因为互联网的重要性日益凸显，所以我们的软件研发及相关动作也在紧锣密鼓地进行中，这些都是我们公司合规的利益增长点。上面这些如合规管理、并购其他公司等动作，都是在为 2021 年的股改融资打好基础。只有这样，我们才能为 2023 年的大扩张平台化建设做好铺垫。

所以，企业可以通过反推法推出今年企业的主要动作是什么，明年的动作是什么，以及以后几年的动作都是什么。根据这个总目标，我们就可以把可做的事情又推出一系列更加详细的目标。比如我们要做行业第几？要不要做金融？要不要做投资？要不要做互联网教育？

当然，我们也有可能受限于推出的战略，目标制定得和现实情况有一些偏差，导致某一年的目标没有实现。这其实也很正常，企业如果遇到目标没有实现的情况，就需要及时调整策略，或者适当修改当年的目标，尽量保持住总利润水平，不要差太多。比如我们的营家 App 的利润目标在当年就没有实现，当时我们发现了这个问题，调整了一下策略，把总利润补了回来，后来的实现的利润也没有差原目标太多。

反推法可以用于公司，也可以用于一个小项目，同样也可以用于一个参股的公司、一个集团公司，甚至可以用于个人或者家庭。我在自己 26 岁那一年，做了一个十年的反推法，推出我 35 岁就可以实现退休。我的指标设置里面包含了房子、孩子、公司、存款等。结果，我 35 岁时完全实现了其他的目标，唯一没实现的就是退休。我其实尝试过让自己退休，但半年以后我感觉很焦虑、孤独，并且开始和太太吵架。后来我发现，我不能退休，我喜欢工作，于是我适时地把这个目标从我的指标设置中删掉了。所以目标制定时其中有个别目标出现偏差很正常，只要你能及时修正，那么总体目标就有很大可能可以实现。

｜ 正推法 ｜

大部分企业日常使用的都是正推法，虽然正推法对于企业的帮助不如反推法，但它确实也是一套科学的、对企业有帮助的方法。用正推法，我们可以同时做出几个指标，比如数量类指标、质量类指标、满意度指标、业绩指标、利润指标、销售量指标等等。再细分一点的话，质量类指标，包含增长率、利润率、投资回报率、成本率等；满意度指标，包含复购率、月满意度、转介绍率、内部员工满意度等。此外还有一些质量类的指标，比如我们的新产品数量、专利数、互联网营销利润百分比等等，也可以用正推法进行推算，得到的结果也是比较准确的。

那么，我们该如何用正推法呢？以我们公司为例，2016 年的目标是 2.8 亿元，2017 年的目标是 3.1 亿元，2018 年的目标是 3.3 亿元，2019 年的目标是 4 亿元，请问到 2020 年，我们的目标应该是多少？

我们在做计算前，要考虑以下几个因素。

增长率

已知我们公司这几年的增长率分别是 2%、3%、7%，也就是说我们 2020 年的目标，最低一般不会低于 7%，达到 2% ～ 3% 的增长率的概率是 50%。很多人错误地认为既然之前的增长率是 2%、3%、7%，那干脆今年的增长率定到 8% 就行了。但是我们在制定时要以利润为基数，增长率 2% 的目标是基于 2 亿元的利润，而 7% 的增长率是基于 3 亿元的利润，如果我们利润目标的基数是 10 亿元，那么我们的增长率要制定得更高一些才能匹配。

波长

企业的增长速度在不同时期会呈现出不同的速度和状态，有高速增长，也有缓速增长，甚至还可能出现缓速下降。所以，在制定时我们要考虑波长是到了高速增长期还是缓速增长期，是高速下降期还是缓速下降期。并根据企业的实际情况，对这四个时期给予明确界定。

政策

比如 2019 年国家出台了一个文件，内容是对幼儿园实行普惠制，使很多做幼儿园连锁的企业挣不到钱了，如果企业战略中有做营利性幼儿园发展的相关战略，那么就需要进行修正。

再比如给员工上社保这件事，很多公司之前耍小聪明，只给员工上最低等级的社保。但是国家出台了明确的政策规定不能按最低保障工资上社保后，公司必须按员工实际的收入上社保。这样很多企业的成本就会增加，那么就需要调整一下企业之前制定的利润目标。

投入

投入包含了扩张、人力和技术。扩张主要是指资金，人力主要是指人才，技术主要是指产品。如果一家企业今年银行贷款2亿元，然后又招了很多人，研发了很多新的产品，那么业绩目标肯定要跟着改变。

同行规律

如果我们发现同行的发展速度比我们更快，我们就可以对他们进行研究，看看他们是怎么发展的，用了什么策略，制定了什么目标。比如这家企业是通过加盟招商投资法实现了利润的增长，那么我们也可以研究一下能不能用同样的方法。如果能用，就把这个方法加到企业目标的规划中去。

股东战略

有的时候公司股东会认为公司还可以定更高的目标，但公司现在运营得很健康，不想扩张得太快，怕出现问题。如果遇到这样的情况，也有可能要调整目标。

正推法是通过这六大参考因素和公司过去三四年的数据指标制定

出来的。尤其需要重视的一点是，无论用哪种方法，企业制定目标的前提一定是根据自己企业的实际情况，不能完全照搬其他公司，尤其是世界知名大公司的经验，否则企业制定的目标就有可能出现极大的偏差，对于企业未来发展百害而无一利。

企业的目标分级

企业有目标就会有灵魂。没有目标，就如同行尸走肉。目标在制定过程当中，要用到一些技术和方法，比如对目标进行分级管理，让每一个等级的目标都有明确的归属。

企业在制定目标时一般不会只做一个目标，而是会有三四个目标，这时就需要我们对目标分级。我们首先要有一个保底目标，还要有平衡目标，之后是冲刺目标，最后是挑战目标。所以聪明的企业家，不会只给员工定一个目标，而是根据员工的成长情况，在不同阶段给他制定不同的目标。

而且人的潜力是有限的，虽然企业的目标需要每年都有增长，但是员工的目标不能完全跟着企业的增长目标来制定，也不能定得太高。人到一定极限的时候，压力达到顶点，就彻底干不下去了。很多人辞职的原因之一，就是企业在制定的目标远远超出了员工的能力范围。

还有一个问题，就是有的人定目标时不做背景资源分析，这样定出来的目标也容易出问题。

比如有的人给孩子定学习目标是一定要考上清华，很多孩子直接就放弃了。因为孩子的能力水平都不一样，学习方法、家庭环境也有影响，不能一概而论。所以我给孩子定学习目标的时候就不止一个，保底目标是考上大学，平衡目标是南加州大学，冲刺目标是哥伦比亚大学，挑战目标是哈佛大学。南加州大学在美国大学里排名第 24 位，哥伦比亚大学排名第 3 到 8 位，哈佛大学一直排名榜首。我女儿有了这几个目标之后，一直处在紧张和轻松之间，也比较愿意主动去学习。所以，适当的压力会让人有动力，压力过大会让人丧失信心，压力过小会让人没有方向，最好的就是保持合理的目标。

平衡目标

企业在制定这四个目标时，我的建议是先做平衡目标。平衡目标一般可以用正推法做出来，一般来讲，平衡目标参考的是去年和前年的数据，然后再加上今年的预测和企业的投入，从而定出今年的目标。

举个例子，2021 年我们公司在制定目标的时候，开始尝试使用一种全新的推理方式进行。我内心其实希望新的一年完成的目标是

3.6 亿元，但公司推出来 7.2 亿元的目标。这两个目标差距太大，我们中和了一下，定了一个比较适合企业目前发展现状的目标。之后，我根据这个平衡目标对企业的高管重新进行职责的转化和分配。于是我和 COO（首席运营官）商量，让他除了管行政之外，还要管财务和阿米巴两个事业部。CTO（首席技术官）管所有的具体项目，CEO（首席执行官）管所有的执行任务，董事长管所有的新产品。这些职责进行了重新划分后，每个人都有了属于自己的明确目标，并且干劲十足。再比如做电商的企业，一般都会比较关注利润指标、新产品增长指标和季增长指标，承担这三个指标的岗位当中，肯定是承担利润指标的职务最高。所以在我们公司，CEO 承担利润的指标、营销总监承担新产品业绩的指标、网店的店长承担业绩增长的指标。这样目标精确地分配下去，每个人就都明确了自己要做的事情，效率自然会提高。

一个企业家问我，在制定目标的时候，他不知道具体做什么怎么办。我问他想达到的目标，他说："第一，我想达到利润增长。第二，我想拿到更多的产品业绩增长。第三，我想实现每个单价的业绩增长。"想实现这些目标，首先就要找到责任人。当我们把一些目标做成保底、平衡或冲刺目标的时候，每一个岗位都要找到它最核心关键、需要重视的内容，把这些指标分配给对应的关键人。

平衡目标中比较重要的一个指标就是利润目标，对于利润目标的考核核定，往往会比上一年的高一些，同时根据公司的历史增长率和持有的特殊资源综合得出。所以，签订目标责任书的时候，主要签订的就是平衡目标，并且与分红和工资挂钩。此外，做比分的指标也属于平衡目标。

冲刺目标

冲刺目标高于平衡目标，一般使用倒推法来制定。所以，冲刺目标属于员工晋升的依据，只要能完成冲刺目标，加上品行过关就可以晋升。其次，冲刺目标完成了还可以设置超产奖，算是一种特殊奖励。

保底目标

保底目标的两个特征：第一，是保证企业不亏损，这是企业最低的亏损线；第二，一般控制在平衡目标的 70% 左右。所以，保底目标可以保证企业赚到钱，里面的指标也都和业绩挂钩。如果低于其中任意一个指标，主要岗位负责人就要调岗或离职。它的主要作用就是可以保证企业最低目标达成，不至于亏本。

挑战目标

还有一种目标是挑战目标，这是冠军级别的目标，大部分人是实现不了的。在这种情况下，企业一般会给一个定额的奖金。挑战目标并不是所有的岗位都要有，我们仅仅是对一些有绩效要求的，比如营销项目部员工、冠军级的技术工程师或产品师等，与他们单独签订挑战目标协议。

在正常情况下，我们做到前三级目标就可以了。绩效考核表里面签订的是平衡目标，企业最先做的核心目标也是平衡目标，它为我们日后做考核表提供了重要依据。

企业经营目标的制定

| 用目标经营分析会议进行复盘 |

　　每年年底，企业都要做第二年的规划，在做规划前，要对前一年的目标进行复盘。我在 2002 年的时候，第一次对自己做了一个比较系统的人生目标规划。我的一个朋友看了规划后，信誓旦旦地说我肯定实现不了目标，他觉得我的野心太大，但是现实很残酷，我的目标一看就实现不了。结果第二年过去了，我确实没有实现。虽然我当时的目标没有实现，但我对第一年的情况进行了复盘，发现目标确实和现实存在一定的偏差，但是最终实现目标还是很有希望的，所以我决定稍微调整一下目标的方向，并坚持做下去。几年之后，我的目标实现了。

　　对于企业来说，复盘上一年的目标很重要。其中，企业的目标经营分析会议就是非常重要的一个环节。该会议的第一个关键词是"经营"，第二个关键词是"分析"，第三个关键词是"目标"。目标经营分析会议一般一年开一次，复盘四次。

按道理来说，目标经营分析会议需要进行四次复盘。但不是今年定了目标，明年年底就要开始考核。因为这个过程中会发生各式各样的问题，需要我们边做边总结整理。如果我们第一年的目标没有实现，那么不要灰心，第二年还需要继续做。第二年的目标还是没实现，那么第三年我们还是要继续做……因为我们做得越多，就会越客观，也会越有经验，越能知道我们要走向哪条路，应该用什么方法去工作，这样我们最终达成目标的概率就会大很多。

人生也是如此，虽然每个人走的路是不同的，但是我们只要一段一段地复盘，那我们就会得到比别人更好的结果。我始终觉得目标对人的影响是非常大的，并且所起的还不仅仅是一倍两倍的效果。当我们制定了目标之后，短时间内可能看着与别人的对比变化不大，但是只要我们每一年都发生变化，慢慢就会比别人走得更快更远。我在十八年前认识了一位老师，他的一段话打动了我。他说当年他有一个朋友一年的收入是 500 万元，而当时自己一年的收入才 50 万元，相差足足 10 倍。那个朋友问他对自己明年的收入有什么规划，他说他计划收入再翻一倍，达到 100 万元。陈老师问他的那个朋友有什么计划，那个朋友说自己也准备翻一番，由 500 万元变成 1000 万元。他们二人现在的收入相差是 450 万元，如果他的朋友能成功达到目标，到了明年二人的收入相差就有 900 万元了。虽然你的收入在增加，但是别人的收入也在增加，并且你们之间的距离有可能还在变大。这也就是为什么有人说，有钱的人会更有钱，没有钱的人会相对更没钱。

这段话对我的影响非常大，我当时就想，如果我想超过他的收入，那我就不能按他的速度跟他 PK，而要有自己的速度，并且在一段时间内要有复盘，和自己的目标进行对比，看是否需要调整。

进行复盘还有一个重要的目的，就是认清自己的实力，规划最适合自己或企业的道路。有的人在我们公司时有一两百万元的年收入，结果自己非要出去单干，一年就全亏完了。当然也有成功的，但是比例很小，大概十个人中成功的只有一个，但谁也不能保证自己就是那唯一成功的一个。很多人在创业的时候，都认为自己是真命天子，后来才发现自己是落草英雄。这就说明不管是企业还是个人，一定要做好客观的分析，定出合理的目标，管理自己的行为。

我在制定目标时都会进行自我约束，给自己规范纪律。比如，我炒股时会给自己定炒股纪律，一只股票赚 20% 就卖掉，亏 8% 时就要及时出手；买股要看大盘，不能用个人的情绪去买；建立一只新股的时候，一定要对这个公司进行背景调查，之后再决定做不做。

除此之外，我还有养生纪律，什么东西对健康不好，我就一定不吃，偶尔会放宽条件，但大部分时间是非常严谨的，因为有这些纪律约束着我。我还有人际关系的纪律、学习纪律、投资经营纪律等，都是我为自己制定的，很适合我的性格。

在我看来，给自己定纪律这件事情特别重要。尤其是作为老板，给别人定纪律、管理别人很容易，但给自己定纪律很难。需要这个人有目标、有责任，还要对自己进行道德约束。如果能严格按照自己定的纪律来生活和工作，那么这个人就离成功不远了。

不仅个人需要道德约束，一家企业也需要有道德感。我们挣钱的时候，一定要先把客户的利益放到首位，这是在经营良心，也体现了企业的道德感。在道德感的前提下，我们每一年都要对企业的经营目标进行复盘，这家企业就会越来越好。

| 目标经营分析会的流程 |

经营目标一般在每年的十二月中旬之前制定。经营目标不是随便定的，我们要有一套详细的流程。

第一，做好规划。

做规划就是决定企业明年要干什么。做事情不是一时兴起，而是要经过详细周密的分析。

第二，提取关键指标。

企业今年要重点考核什么，就要从这方面提取 8 ～ 10 个关键指标。具体的提取方法前文已经进行了介绍，这里就不再赘述了。

第三，找到关键人才。

关键人才就是要接受考核的人，这一点企业要提前明示，特别是在一个小组织里面，能够被考核的人就那么几个，要搞清楚他们愿不愿意被考核，需要他们负的具体责任是什么。

第四，梳理流程。

要想把绩效管理做得更好，我们就要把流程梳理出来。绩效管理最大的错误在于我们给别人制定了一个任务，但是并没有告诉他方法论，也没有向他说明具体流程是什么。

比如有的家长只会问孩子一句话："我给你花了那么多钱，让你上好学校，给你提供良好的家庭环境和学习空间。你为什么学习成绩还是那么差？"这就像很多企业老板经常问销售经理："你要职位我给你职位，要广告费我给你广告费，你为什么还是没有做出业绩？"并且还要加一句话，"我要是能做，我还请你干什么？"

企业做绩效管理的时候，一定要注意这个非常重要的环节，即高管、董事会和员工亲自设计流程。流程设计得是否顺畅，直接决定了这家企业业绩的好坏。对一家企业来讲，在召开目标经营分析会议的时候，需要做出规划、找到指标和人才、打通流程，并把分解动作找出来。

第五，做考核内容的设定。

做考核内容的设定，就是指个人要对自己每天考核的内容进行自我规划。长松股份有个员工，虽然我们两个人平时很少说话，但他去做什么我都很放心，因为我内心认同他做的事情。他的方法就是根据自己的情况设定自己的考核目标。因为自己设定做什么，和别人让你做什么，积极性和主动性会差很多。

第六，设定考核表。

设定完考核内容后，就要做出相对应的考核表。考核表我们会有专门一个章节来详细叙述，在这里就不再详解了。

第七，面谈。

面谈就是帮助员工理解自己的规划是什么，应该按什么流程来做，并找出关键指标。

比如我和运营人员面谈时主要谈了三件事：第一，做百度推广运营；第二，做营家的推广；第三，做精品课的推广。我把这几个关键指标告诉他，让他明白应该如何进行指标分配，并告诉他接下来的流程应该怎么做、需要注意什么。

第八，签订目标责任书。

我们要和被考核人员签订一个目标责任书。我们后面会有专门的章节讲述如何签订目标责任书，这里就不展开说明了。

第九，开展考核。

这一步就是对被考核人员进行考核。

第十，复盘。

复盘就是检验考核效果如何，是否真的起到了作用。

我们公司在十二月召开的目标经营分析会议，本质上就是要做这十件事情。如果团队有十个人，半天的时间就可以把所有人的绩效面谈都做完。做完后如果还有时间，也可以逐步做全员面谈，让企业里的每一个人都找到自己的目标，清楚自己的考核规划。

｜ 召开目标经营分析会 ｜

企业想要召开目标经营分析会，首先要把谁来参加这个会议搞清楚。董事会、财务、人力资源、行政等操盘手都要参加。等会议成熟以后，还要把总监级的人也拉进来开会。

目标经营分析会议，一是回顾历史，二是分析形势，三是制定目标。个人的目标经营也可以这样规划。

我在 2017 年的时候回顾了自己前几年的培训讲课工作，发现做培训对我个人的身体伤害非常大，我需要改变这个现状，所以我从 2016 年讲 80 多天课，缩减到 2017 年只讲 30 多天课。之后我发现，自己的身体可以适应这个节奏，于是从 2017 年开始到 2019 年这三年时间，我每年都讲 30 多天课。因为我回顾了历史，发现了自己的身体问题，再分析了当时的形势，制定出了新的目标，即每年只讲 30 多天课就可以了。企业也可以通过这样的方式来进行回顾、分析和制定目标，具体做法如下。

回顾历史

企业回顾历史包含了以下内容：

第一，销售额。

就是回顾一下企业过去的业绩怎么样。

第二，毛利润。

企业有没有赚到钱，赚了多少钱。

第三，业绩增幅。

回顾一下企业的业绩有没有增加，增加的比例是多少。

第四，财务状况。

公司还有多少钱，总金额是多少。

第五，新品情况。

企业今年研发了多少新产品，这些新产品创造了多少业绩。

第六，新销售模式。

新的销售模式有没有诞生新的销售额。

第七，拓客。

拓客能力有没有增加，拓客成本有没有降低，拓客增长率怎么样。

第八，资本回报率。

企业今年投进去了多少钱，回报是多少。

第九，干部人才。

看我们的干部人才有没有发生变化，是流失还是增加。

我们通过对上述这些历史数据进行分析，就可以看出去年制定的目标实现的程度和情况如何，为今年的目标计划制定打基础。

分析形势

分析形势首先是分析国家形势，比如新发布的法规条令。此外，还有社会消费情况、社会发展趋势、民众的习惯变化等，也需要我们在分析形势时包括进去。

以前农村都买卫星接收器看电视，贵的有千元左右，便宜的有两三百元。为什么现在没有人用这个东西了？除了电视机本身技术进行革新之外，主要的原因是大家看电视的习惯变了，还有电视的可代替产品变多了。如果家里安装了网络，就没有必要再买卫星接收器，直接买个网络电视的盒子就可以看电视了。

制定目标

分析完形势，就需要开始制定目标，把这个目标分解为 8～10 个关键指标，这些指标可以分为三类：数量、质量和满意度。

召开会议时，董事长先发言，之后由财务、人力资源负责人等操盘手轮流发言。大家都发完言以后，一起制定出 8～10 个总的战略目标。首先是选指标，然后在指标上加量，接着大家开会举手表决，确认目标。目标确定以后，通常用正推法或反推法分解目标。正推法是根据现有条件正推出目标，反推法是根据几年后的总目标倒着推。

之后根据目标做出分析，再把这些目标分解到各个责任人的头上。

然后，财务就可以开始核算财务信息，人力资源帮忙一起做出考核表。做好考核表以后就开始向大家发布目标责任书及考核标准，并进行现场签订。签完之后，目标经营分析会议就算是结束了。

开完会后，目标责任书要形成正式文件，并在后面的执行过程中做至少四次复盘。在这次会议结束以后，另一个非常重要的工作开始了，就是要把这些目标分解到每一个季度、每一个月，不同的公司还有淡旺季之分，所以分解目标也要根据企业的实际情况制定，如图2-1所示。

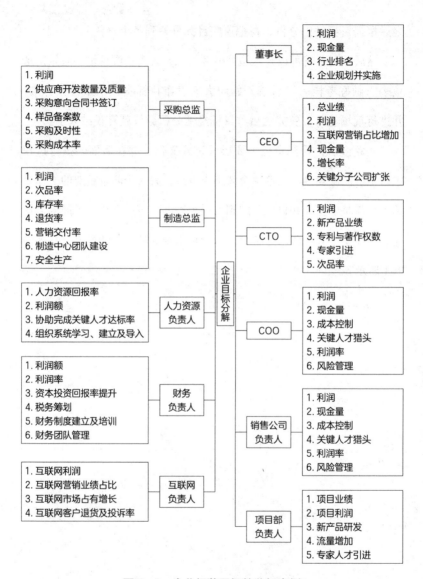

图 2-1　企业经营目标的分解案例

3

第三章

实现目标的有效途径:
绩效考核

组织架构决定目标架构

绩效考核组成的原则是从一个公司的目标规划开始，让每一个关键人员、每一个重要的岗位员工都清楚自己该考核什么。企业出现的很多问题往往卡到这里。企业进行绩效考核时一定是基于两个架构：第一个是组织架构，第二个是目标架构。

| 常见的企业组织架构 |

企业的组织架构正常情况下有如下几种。

有限责任公司的部门制

如果公司规模不大，老板下面一般是各个部门的负责人。比如一个生产型的企业，老板下面就是生产经理、销售经理、技术经理、采购经理、行政经理、人事经理、财务经理。这种架构形式我们往往叫作二元架构，即董事长兼 CEO 加几个管理者。这种企业的考核指标比较好做，把所有的目标给老板一部分，再把剩下的目标分给部门负责人。

中心制

随着企业的发展，组织架构会发生变化，从部门制走向中心制。就是老板兼 CEO 的下面不一定是部门负责人，可能还有一个总监，总监下面有一个部门层级，部门负责人就是经理，经理的下面是员工。我们发现这种组织架构的层级是三层，包括老板、总监和部门经理。

分子公司制

随着企业继续发展，这种架构也不能满足经营的需求了，于是我们分出了更多的公司，也叫子公司。老板的下面就会有各种类型的公司，比如 A 公司总经理、B 公司总经理、C 公司总经理，总经理下面又有总监，总监的下面又有部门经理，于是公司的架构变得越来越复杂。

| 常见的企业目标架构 |

一家企业初期只有一个老板带几个管理者，分解目标其实不难。

但是随着层级越来越多，把目标分解给各个层级的人员，就变得相对困难。这个章节当中最难的技术环节就是它。

一家企业的总目标中包含了两个分目标：一个目标是利润目标，另一个目标是成熟度目标。利润目标和成熟度目标分别又包含很多指标。为了避免责任分工不明，我们需要把目标进行分解，目标分解的过程中就需要下面这些组成原则发挥重要作用。

企业的利润目标要想做好，就要有一些相应的组成原则。第一个组成原则是业绩变好，第二个是成本控制好，第三个是把质量做好。考核董事长、CEO、COO、CTO 时都需要以这三个指标为标准，而且不同的部门对于指标的侧重也不同，比如侧重成本指标的负责人是 CEO，侧重产品质量指标的负责人是 CTO。

除了上面这三个最重要的指标外，利润目标中还有几个指标，企业也需要关注到：

第一个指标：要有足够多的销售人员，组成营销团队。

第二个指标：要有足够多的流量，有足够多的人认识我们的企业。

第三个指标：要有足够多的流量转化，比如长松股份流量转化的方式就是 OPP。

第四个指标：要有足够多的产品，要有前中后端的销售方案。

我们想要企业利润增加，首先就要重视这几个指标，而且要从 CEO 本人做起，把这些指标再分成更小的指标，并且落实到人。任何一个指标想做好，后面都需要很多动作。比如我们想提高转化率，又可以分解出好几个指标：第一，我们的邀约要上来，要找到足够多的客户，把他们请到我们的销售现场；第二，我们的成交流程要做好；第三，我们成交的话术要好。

一个大指标由多个小指标组成，多个小指标又可以分成很多指标，这样形成的是一个金字塔的结构。从上到下的指标之间都是一种因果关系。企业做完这个分解图以后，要想实现一个大的指标，事实上要做很多事情。少做一个动作，这件事情就可能做不好。

我们经常会遇到的一个问题是，有的企业中，做销售的员工业绩特别棒，几乎占到这家公司的 60% 以上。后来这个员工开始骄傲，因为他觉得这家公司 60% 的业绩都是自己创造的，出去创业肯定能挣钱，结果往往不如他所愿，因为大多数人不一定能把所有的事情都做好。有些人是把这个环节做好，而别人是把另外的环节做好，这些人忽略了别人的成绩，觉得别人没干什么事。事实上别人干的事情，只是没有直接量化的表现而已。所以很多人创业失败，都是基于他对事情的了解不全面。他只是了解了其中一个局部，就觉得自己能把整件事情做好，也注定了他的创业是失败的。

企业目标的规划架构

企业确定某个指标，是由多个因素组成的，其中的每一个因素又由很多点组成。所以绩效考核的各个指标本质上是关联指标，是相互影响的，最高级别的绩效考核与最低级别的考核是有关联的。

比如利润指标，一年内邀约到的客户总量，决定了每一场 OPP 的业绩，决定了公司一年内的总业绩，决定了这家公司的总利润。董事长要想利润增多，一个非常重要的工作，就是将每一个邀约都抓好，它们之间都是彼此关联的。

当然，仅让老板一个人勤奋是不够的，那只能做一家很小的公司。所以老板需要把指标分给其他人，比如可以把利润指标给董事长、业绩指标给 CEO、OPP 的业绩指标给讲师、邀约指标给业务经理。一个业务经理的一个考核指标很可能间接影响子公司总经理的考核指标，子公司总经理的所有指标间接地影响了 CEO 的考核指标，

CEO 的所有指标间接地影响了董事长的考核指标。所以在一家企业中，各个岗位共同组成了一个有机不可分离的体系。

企业的利润指标想要变好，第一个重要的工作是做出好产品，打响企业的品牌。比如我们想吃快餐，一般会选择熟悉品牌的快餐店就餐。虽然这种快餐店没有什么特别的服务，但是因为品牌已经有了足够的吸引力，所以根本不用其他太多的宣传。这时候我们会发现销售变得如此简单，这家快餐店只需要管理客户数量就行了。他们不用做个人的客户分析，也不用销售面谈，这些动作统统可以忽略。

在美国的一个朋友问我："贾老师，你觉得创业成功的密码是什么？"我说："创业其实也没什么密码。"他接着问："那你告诉我，如果创业成功，最核心的动作是什么？"我说："要想创业成功，必须有一个前提条件，那就是有比同行业至少领先半步的能力。"

这个社会中不缺能把产品做出来的人。比如别人做拉面，你也能做拉面。但是你的拉面如果有比其他拉面与众不同的特点，那么你就可以从中脱颖而出。有一个同行给我打电话，意思是要跟我合作。他说："贾老师，我和你们公司几个离职的核心专家合作过，我发现他们都特别靠谱，他们的课程和咨询不会乱来。所以，我觉得跟您合作会有更好的结果。"他这句话说明，我们公司在制定产品方面的思维，比别人领先了小半步，所以会被客户高看一眼。

　　所以，在一个企业绩效考核的组织架构图中，上下是因果关系，左右也是因果关系。除此之外，业务部门、生产部门、研发部门、采购部门的各级员工，他们之间也有因果关系。企业如果没有把这些重要岗位的责任要求捋清楚，员工的效率就会大幅度降低，对于企业目标的执行是非常不利的。

企业目标的分解

　　企业家和企业操盘手团队看到企业目标架构图以后，首先要想象目标规划架构。之后，他们需要把这些指标分解到最重要的岗位上。

　　公司核心利润的考核一定是考核董事长的。董事长是负责制定公司战略的人。公司第二位需要考核的是 CEO，即首席执行官。公司第三位需要考核的是 CTO。一般情况下，CEO 和 CTO 决定了一家民营企业早期管理团队中最重要的管理架构。

　　CEO 和 CTO 之后，需要考核的就是销售公司的负责人或项目公司的负责人，这也都是公司的高层管理者，他们的业务水平也基本上决定了这家公司的业绩。

　　除了上面这些高层管理者外，还有一些重要的人事岗位需要老板在绩效考核时额外关注。如采购总监、制造总监、人力资源部负责人、财务负责人、互联网负责人等，也都是公司里不可缺少的非常重要的管理架构。

| 董事长岗位考核 |

我们把目标架构解读完以后，最重要的工作就是将这些架构中的目标分解到每个人。第一个重要的考核岗位就是董事长，董事长的考核指标大致可以分为直接工作责任和间接工作责任。

利润

董事长的直接工作责任中最大的考核指标是利润，一般是由财务核算出来公司赚了多少钱。利润指标由很多因素组成，而且有些会让人意想不到。比如，今天某家分店营业时间长了一点，影响了利润；明天公司聚餐，点餐多了影响利润；后天公司被盗了，丢了几台电脑，也肯定影响利润。虽然这些都属于利润指标，但是我们不会在考核董事长时如此详细，因为董事长需要把控全局，所以考核利润时一定会把太过琐碎的指标去掉。当然这些利润指标也不会完全不管，它们都会被分配到其他细分的岗位考核上。

现金流

很多企业都不重视考核董事长的现金流，但往往就是董事长的现金流最容易出问题。我和一家企业的董事长谈工作的时候，我问他："你们公司的现金流怎么样？"他说："不太好，应该是有问题了。"我说："出了什么问题？"他说："我自己核算出来公司是有利润的，但是财务那边算完发现公司并没有现金，而且还有负债。"后来我仔细问了才知道，他们公司核算的是资产的增值。一家门店原来的业绩是 50 万元，现在增长到了 64 万元，所以算出来的公司利润是 14 万元。但是找财务一算才发现，银行账户上不仅没有现金，而且还欠了 3 万元。我说："产生这个问题的原因主要是你核算的方法错了，现金流根本没有算进去，最后得到的利润肯定不对。"

行业排名

我们考察董事长时，还要注意考察企业在行业中的排名。因为人们要买一个产品的时候，总是会优先选择大品牌，或排名靠前的产品。而且他买得越多，投资越大，对这个品牌的依赖度就越高。为什么现在各种排行榜层出不穷，就是因为排名对于人们的选择影响越来越大。

企业战略

企业战略对于董事长的考核来说也很重要，关系到企业未来的发展。董事长制定企业战略，主要也是为了增加利润，但是只靠董事长一个人很难做好这件事，需要董事长把任务分配给各个高管，大家一起执行。比如，要交给 CEO 一部分原本属于自己的工作。董事长在对 CEO 进行考核时，除了要对总业绩有要求外，还要考察 CEO 的互联网业绩、现金量增长率、关键公司扩张等指标。CTO 主要是管理产品、解决产品质量问题的。董事长在考核 CTO 时主要看三点：第一，利润指标，要尽量高；第二，新产品的业绩要高，专利著作权要多；第三，专家引进的成功率要高。考核 COO 的时候，也有利润指标，还有一个是成本控制指标。

所以，董事长在规划企业战略时，最重要的就是如何把利润分配给合适的高管。根据前面的内容可知，想要实现利润的增长，主要由三个指标来决定：第一，销售额要大；第二，成本要低；第三，要有质量。按岗位的不同，把质量的工作交给 CTO，把成本的工作交给 COO，把业绩的工作交给 CEO。最后在考核时，董事长要注意以下几点：

第一，有一些指标，是要共同联合考核的。比如考核董事长的利润指标，CEO 有，CTO 也有。

第二，董事长的指标会分解到自己的下级。董事长的利润包含了 CEO 的销售额、COO 的成本、CEO 的利润率和 CTO 的新产品研发情况。综上，下级的几个指标共同组成了上级的指标。

第三，有些岗位做的工作具有独特性，只能自己做，其他人做不了，也做不好。比如董事长必须要自己做企业的规划，虽然可以和别人讨论商量，但最后做决定还是自己的事情。同样，对于 CTO 来说，必须做的就是关键公司扩张和专家引进；对于 CEO 来说，必须做的就是风险管理和关键人才猎头。

| 其他主要岗位考核 |

总结一下，一个岗位的考核主要解决的是下面这三个问题：

第一，公司有没有一些共同的指标？

第二，上级有没有给自己分解指标？

第三，自己的岗位有没有独特的指标？

上面这三个重要的部分共同构成了一个考核的单元周期，比如构成了一年或者一个季度需要考核的指标。

CEO 的考核指标包括总业绩、总利润、互联网业绩、现金量增长率和关键人才猎头。他的工作由两部分组成：一部分是他的下级帮他完成的，一部分是他自己要做的。比如关键人才猎头是他自己要做的，而其他的增长率、现金管理、互联网业绩占比、总业绩是需要下级去做。当然，最重要的利润指标需要 CEO 与下级一起做。

CEO 的下级其实就是销售公司的负责人。销售公司的业绩、利润、现金流这三个重要的指标，从逻辑上看与 CEO 的三个重要指标是上下级关系。CEO 要对自己的下级做相对应的考核，如果下级的人才考核达标，那么他就可以从里面挑出能胜任这个职位的人。

项目负责人的考核指标是项目利润、项目业绩、产品研发流量增加、人才引进。他的上级是 CTO，CTO 的考核指标是利润、新产品业绩、著作权数、专家引进和次品率。他们的考核指标紧密联系在一起，而且是一环扣一环的。CTO 要想增加利润，那么新产品的业绩就要提高、产品研发流量要增加、关键人才要达标，就需要项目负责人做人才引进。

人力资源部考核的第一个指标是回报率，第二个指标是利润，第三个指标是协助完成关键人才达标率。这里面有一个非常重要的协助指标，就是其他部门招人的时候，人力资源部都要从旁协助，一起完成关键人才的招聘工作。

采购总监和制造总监是为项目部服务的，主要负责供应商开发的数量和质量、采购意向合同的签订、样品备案采购及时、采购成本率的降低等，都是为了提高项目利润服务的。采购做好了，制造的利润率就会变高，次品率、库存率、退货率都会降低，营销交付率会增高，团队建设就会变好。

考核到这里可以分为三层，第一层是董事长，第二层是 CEO、COO、CTO，第三层是各个项目负责人，它们之间有很强的逻辑关系。现在的企业家首先要推演自己企业各个岗位的内在逻辑关系，千万别从网上随便找一个考核表，安插到某个岗位上。因为任何一个企业的考核都是独特的且非常严密的，不一定适合你的企业。

除了上面重点介绍的几个岗位之外，还有一些岗位需要企业重视。网络负责人这个岗位因公司而异，有的公司有，有的公司没有。

财务的考核指标有利润率、利润额、回报率、税务筹划、制度建设、团队、人才管理等，其中很多指标也是为了服务其他部门才做的。

总之，企业考核大致分为三个层次：一是考核管理者，二是考核管理者的下级，三是考核人力和财务。因为人力和财务的考核指标大部分是为其他岗位服务的，属于辅助部门，所以不算重点考核对象。只要我们把这些逻辑搞清楚了，企业绩效考核就不难了。

打造实现企业复合倍增的小组织

| 将组织划分为诸多小组织 |

复合倍增是企业一个非常重要的盈利方式。想要实现复合倍增，就要分化出许多小组织，让小组织来赚钱。

我们想要小组织发挥作用，就需要提前规划考核内容。比如小组织怎么算出利润，小组织如何给别人结算，如何与别人展开合作，如何产生销售额，团队如何打造，流程如何打造，如何找到关键责任人并考核他们。

有一家做国际贸易的企业，刚开始在互联网的业绩一天只有 100 美元。这个老板是我的好朋友，他问我该如何提升企业的业绩。我给了他很多的方案，其中最为重要的一个方案就是小组织分红。我用了三天的时间，帮他设计了一套薪酬方案，这套薪酬方案里小组织团队总共分走30%的利润。就是说企业挣10元，团队拿走3元，老板拿走7元。拿走这3元的人中有负责采购的，有负责产品品类的，还有负责运营的。而且，企业负责人还要给大家开会进行说明："大家不要把这件事情当成你给老板打工。现在是你干得越多，挣得就越多，考核表中的比例分得非常清晰，只要你能达到目标，就可以得到分红。"

企业机制问题解决了，下一个非常重要的问题就是打通流程。根据我们公司的经验，一家电商总共有三件重要的事情要做：第一件事情是调研产品，第二件事情是采购，第三件事情才是卖东西。

其实电商和工厂的区别很大。作为一个工厂，最重要的一块成本就是研发成本。一个工厂不可能随便造出太多的产品。工厂要想超过同行，就必须投入大量的时间和精力去研发一个产品。优秀的工厂，一个明显的特征就是产品数量不多，但每一个产品在行业内都能做到最优秀。截止到2022年1月，丰田公司的乘用车只有二十几款，但是一年的累积销量能卖到上千万辆。很多工厂生产过上万个产品，但技术不是自己的，价格还很便宜，这种工厂就很难变成大企业。

而电商卖的东西一定要和市场紧密结合起来，它不能把大量的精力都投到研发上去。电商要对市场保持敏感，市场需要什么，就去找工厂帮忙搞研发。所以一般工厂直接转成搞电商的公司，大部分都是亏钱的，就是因为没有分清重点。我把这个理念讲给了这个老板，让他按照我说的去设计流程，果然取得了不错的效果。

绩效考核的第一件事情就是打通一个流程；第二件事情是要把每个岗位上的每一个动作、每一个环节都做好；第三件事情是找到管理者，为管理者做考核。企业除了对管理者进行考核以外，还要做一个非常重要的工作，就是把公司的大组织变成小组织，对小组织进行独立核算和绩效考核，让他们自己当自己的老板。

我朋友的企业经过我的一番指导，到现在为止开了十四家店，年销售额 7000 万美元，约等于人民币 4 亿多元，利润有几百万美元。这家企业达到这个成绩，前后总共用了不到三年的时间，算是比较顺利地进行了绩效考核和管理。

｜ 小组织的考核流程与里程碑 ｜

我到一家企业做绩效考核咨询，一般会做的第一件事情，就是让他们画企业的经营流程图。画完这个流程图，他们才知道企业的工作复杂度，从而得知企业都需要什么样的岗位，流程中的每个里程碑都是什么。

如图 3-1 所示，这家企业第一个重要的工作就是做市场调研，看看谁卖得最好。电商最重要的特质就是反应要快，知道客户的需求在哪里。想要反应快，就要投入大量的时间做调研。做完调研以后，第二步要做新品规划，即我们准备卖什么。第三步要做产品立项，就是这件商品我们到底能不能卖？市场的需求有多大？第四步做新品研发，先看看这个产品市场上有谁在卖，再看看中国有谁能生产，以及我们和别人有什么区别。经过研发以后，就可以制造出一个新产品，并由这个新产品形成三个标准：第一个是生产标准，第二个是形体及功能标准，第三个是质量标准。这样，第一个重要的环节就完成了。

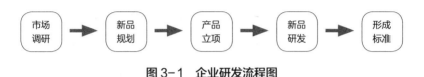

图 3-1　企业研发流程图

接下来工作进入第二个环节，看看谁能帮我们生产这个产品。于是我们就进入到了采购环节（见图 3-2）。首先是供应商指标，我们考察一个工厂时，怎样才能识别这个工厂的好坏？这里会用到很多专业技术，需要我们定一个工厂专业技术标准。对于一些有经验的人来说，从这家企业老板的作风就可以大致看出这个工厂的好坏。除了要看老板的风格之外，还要看这家企业有没有偷税漏税、环保有没有达标、有没有给员工交社保，以及原料品质有没有问题。这些都属于供应商指标，可以帮助你找到合适的工厂。找到供应商以后，还有一个相关的指标要求，就是每年一定要找够多少个供应商，这也是为了让你的企业保持上升的势头。

图 3-2　企业采购流程图

确定供应商之后，下一个环节就是采购。采购完，下个环节就是物流。物流从中国到美国的时间大概是 45 天，从工厂到海关 10 天，海关转库要 7 天，累计约 60 天。经过我们的计算，60 天这个周期每缩短 5 天，利润可以提升 1%，所以效率管理要非常高才行。

很多人不知道自己做电商为什么不挣钱，原因就是你的企业的效率不高。举个例子，当你在亚马逊上卖一个 100 元的商品，就要上交给亚马逊 45 元。这里面包含三部分费用：第一部分是在亚马逊的平台上销售的佣金——15% 的销售费；第二部分是亚马逊帮忙寄送商品，有快递费用；第三部分是仓储费。

我们原来是产品入亚马逊仓库以后才开始销售，现在想到一个办法，就是物流流到我们自己的仓库中。我们精确地算出来，在我们开始卖一个产品的时候，从上架到卖掉它需要多长时间。然后再根据这一时间及物流时间，从我们的库房发到亚马逊的库房，尽量减少在亚马逊库房停留，产生仓储费。

新产品到了仓库以后，我们就可以准备开店了（见图 3-3）。开店要定一个开店的标准，这个标准包含品类规划、资金要求、市场报告、人才达标等一些指标。开店以后销售商品，就要做链接推广。

之后别人开始下单，我们开始发货服务，并在服务完成后持续对客户保持关注，希望可以进行续单。

图 3-3　企业销售流程图

值得注意的是，每家企业做出来的流程应该是有所差别的，因为有的企业没有生产，有的企业没有研发。比如有的企业做超市，进了货，堆头摆放好就可以开始销售。有的企业做餐饮，要先买原材料，通过客人下单实现销售。流程不同，因而企业要想做绩效考核，非常重要的一个环节就是把企业的经营流程画出来。

企业的经营流程图画出来以后，可以根据企业实际情况进行合并或者分解。比如有两个环节没有必要同时做出来两个里程碑，那么企业就可以试着把它们合并在一起。

一家企业做完流程建设以后，马上就能明白经营流程不完善的原因。比如大量的企业都是老板自己一个人负责研发，始终没有形成团队，做了很长时间才能做到基本及格。通过梳理企业的经营流程，我们就会知道这家公司缺乏的是什么样的人才，应该设置什么样的组织架构。只有每一个环节都做得非常精细，公司的整体经营才会持续向好。如果某一个环节上公司的团队没有做好，只能老板去做，老板最后就变成了一个救火队长，不利于企业的发展。

｜ 设定基于经营流程的考核指标 ｜

企业经营流程图做出来以后，我们一定要在这个流程环节上加上考核指标。为什么呢？如果不提要求，不提考核，员工就会觉得规划这件事可有可无。

比如我们公司的一个上级让他的下级每月写月工作计划，每周写周工作计划，方便下级进行自我纠错。结果下级写了三周就坚持不下去了，转眼半年过去，这个上级抱怨下级的工作计划交不齐，导致工作经常不能及时完成，也没有后续的梳理和总结。后来我给这位领导分析了一下，原来是因为下级写完工作计划后，上级并没有及时进行检查和监督，所以下级就放松了对自己的要求。

上级在对下级做绩效考核时，一定要提出明确的要求，并定时检查。通常企业的绩效考核每个月都有，高管是每个季度都要考核。

如图 3-4 所示，企业在经营过程中有很多流程，在每个流程中都要有一个重要的考核指标作为监督。比如在新品规划这一步，我们要对企业提出重要的、可以量化的要求，即每个月要有 20 个新品调研、5 个微创新等。

产品立项要与新产品研发一起做，这两个考核的是一个指标，即

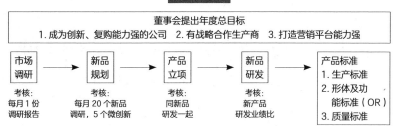

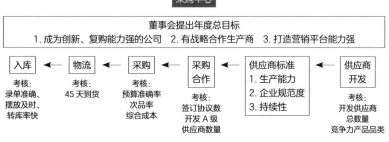

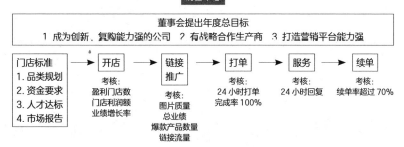

图 3-4 基于企业经营流程的考核指标

新产品研发业绩的比率，即企业本年度的新产品占总产品销售额的比例是多少。

产品研发出来以后，就要为这个产品做出标准。我们在这里做了三个标准：产品是怎么生产出来的，产品长什么样，产品的质量标准是什么。

之后，就可以把定好标准的产品模式移交给供应商，找工厂帮我们做出来。我们对工厂及供应商开发商品的指标主要是开发供应商的数量和竞争力产品的品类，其中最重要的还是数量类的指标。如果没有足够多的供应商，我们的产品就会断货。

长松股份曾经有一家门店，某年某个月平均利润能到 4 万元，算完后预计一年能有 40 多万元的利润。结果产品卖得太火断货了，正好又赶上供应商出了环保问题，被罚停工 3 个月，所有的订单都做不了。我们没有办法，又临时找了其他的供应商来生产同样的产品，因为其他供应商对产品不太熟悉，时间又急，出现了一些次品，被很多顾客投诉，最后导致这家店被关停了几个月。这家店后来每个月都亏损 2 万多元，连续亏了半年，把前面赚的钱又全都赔了进去。

这个问题表面上是营销的问题，但本质上是供应商的问题。供应商又可以细分为开发、采购和运输三个层面。从上面的例子可以发现，我们公司开发的供应商数量其实是不够的，通俗地说就是没有备胎。通过企业经营流程图，这家店马上找出了存在的问题，并及时调整了供应商的数量，做到日后有备无患。如果没有经营流程图，我们就不能在复盘时马上找出原因，更有可能找错原因，不仅耽误时间，而且还有极大的概率再次犯错。

进行完供应商开发后，下一步我们就可以做采购了。企业在采购时要与供应商签订协议。签订协议分为两种情况：第一种情况是采购一批签一批，属于单次采购。比如我们买家具时，会和家具公司签订一个合同，这次买完合同就完成了。第二种情况是年初签一个总合同，在企业需要采购的时候直接下订单，等到年底的时候一起付款。比如我们今年要卖一款杯子，年初和供应商签订了这款杯子的批发价，之后先预付一部分货款，剩下的到年底再补上。需要注意的是，在这种情况下，我们要在年初的协议上就签订具体数量，以免后面出现缺货补不上来的情况。

到此，我们已经整理出了几个重要的指标，比如做市场调研的报告数、新品规划的数量、微创新的数量、新产品的业绩占比数、新的开发商数量以及签订的协议数量等。如果企业不做流程图，怎么能知道这些具体的考核指标呢？所以小组织考核和公司考核主要的不同之处就在于，公司是按照利润到管理成熟度的顺序推算出考核标准，而小组织是按工作的每个环节制定出考核标准。

通过梳理上面的企业经营流程图，我们很快就能发现一个小组织出现了什么问题。我到一家企业，从来不会问这家企业的老板和高管出问题的原因，而是先让企业把自己的流程图画出来。通过这张图，我就可以分析出这个企业哪里出现了问题，还有哪些问题没有解决。比如我看采购流程的时候，会看这家企业的采购预算是否准确、次品率怎么样、成本怎么样。如果我作为采购员，能解决哪些指标，之后根据分析把这个采购流程调整一下。

比如在物流环节中，我们要求 45 天到货，到货入库后我们要求录单要准确、摆放要及时、转库率要快。那么放存货的仓库就是我们需要重点考虑的指标，这里有一个专业的名词叫"算法"，就是我们得算好任何一个产品的销售周期，之后找到适合它的存放方式。举个例子，我们长松公司考虑是否要买栋楼来帮助物流管理，这时就需要用算法算出我们的资金周转量和利润率，之后就能知道是买下这栋楼合适，还是付租金合适。如果我们买下这栋楼，又能为公司带来两个收入：一是这栋楼会不会升值；二是我们能收到多少租金。为了论证公司是否需要买楼，我们用了一个非常精确的算法算了一星期，最后算出我们买栋楼比租栋楼的结果要好，于是就把这栋楼买了下来。

以保险公司为例，保险公司在推销保险产品时，大多会用算法来帮助顾客选择合适的产品。保险公司的精算师要算出顾客在这个年纪出这个事故的概率大概是多少，还要算一个人自始至终不生病的概率。一般的大病保险特征是人到了 60 岁以后，投保人如果没有得病，保险公司就把这笔钱连本带利再还给投保人。精算师要算一下这款保险产品总共收了多少钱，然后估计要赔付多少钱、还给投保人多少钱，最后算出这款保险是亏钱还是盈利。因为人们买了保险，将来到了年龄的时候，拿到的回报一定会比现在交的保险金要高。所以保险公司为了不亏钱，就要拿着这笔钱去做理财，比如买股票、基金、外币、对冲、信托等。保险公司的精算师需要算出这个国家的理财走势，之后拿投保人的钱去做生意，除了需要赔付和最后要分给投保人的投保金及分红利息之外，剩余的部分都是保险公司的利润，我们把这个过程叫作"精算"。

优秀的企业一定是算法的高手。企业的任何一个环节，都有概率要求，比如为什么物流是 45 天？为什么新产品一定要有 5 个微创新？为什么一定要提供 20 份调研报告？因为只有算法标准的企业，才能够达到效率的最大化。

比如我们公司要求物流经理必须 45 天到货，不到就扣绩效工资。结果物流经理一听，来了一句："随便扣，45 天就是到不了货。"这时就需要人力资源管理介入，首先是对物流经理提要求，他说"到不了"，就要对他进行培训，培训之后没效果就要换人，换人再不行要进行调研，看这个物流周期指标是否定得有问题，物流经理是否被冤枉了。

再比如某个人是做运营的，他一定要把运营的流程图画出来。第一步是做调研，第二步是研发产品，第三步是做运营推广。如果这个人的业绩不好，那就要从流程里找原因，看是推广的问题，还是物料的问题，或者是策划的问题，再或者是制作的问题。

我在做管理的时候，永远把流程当成第一位，把有流程思维当成提拔管理者的一个考察因素。因为提高效率、节约成本的最好方法还是流程优化。

流程优化到最后，很多环节都被精细化了。现在京东做得就比较不错，顾客头天下单，第二天产品就能到，甚至当天上午买，下午就能到。这就说明它在物流领域中，不断地进行思路创新、流程创新，从而打垮了那些不进行创新的企业。

一个企业里的小组织是否能在竞争中胜出，就看这个小组织的每一个流程是不是比同行更厉害。现在奶茶卖得火得不得了。很多人喝奶茶自己都说不出来原因，就因为大家都喝，所以自己也喝。这说明做奶茶的策划水平比较高，开奶茶店的人既懂互联网，又懂时尚和包装，符合现在的流行趋势，所以奶茶店才会大火。

所以我们要想打造一家优秀的企业，就要在流程环节上超过别人。要么全面超越，要么在关键点上超越。比如开店环节，我们的考核指标关键点就是盈利门店数、门店利润额和业绩增长率。因为这三个指标不仅可以帮助企业赚钱，而且可以实现复合增长，所以被列为流程中的关键点。

比如一家公司第一年的业绩是 1000 万元，第二年的业绩是 3300 万元，第三年的业绩是 5700 万元，第四年的业绩是 7000 万元，第五年的目标是 1.15 亿元。这个增长趋势就是复合增长的典型形式，而且增长的速度很平稳，也不突进。

我们知道复合增长的规律之后，就会发现中长期会越来越赚钱。巴菲特大部分的钱是他 65 岁以后挣到的，符合从扁平的发展到不断慢慢增长，到最后逐步爆发的复利法则。

互联网经济也有三个可以被称为关键点的重要指标。第一个重要指标是看流量有多大，也可以理解为粉丝有多少。第二个看流量转化率。当然也会出现流量很大、流量转化率也很高，但依然赚不到钱的情况发生。原因就是产品的成本特别高，即使卖得再好，也不赚钱。这时我们还要看第三个重要指标 —— 利润率，也叫利润增长率。这三个指标决定了企业最终能赚多少钱。中国的大部分电商都死在第三个指标上，很多电商流量很大，销售额也很高，动不动一年的流水就可以达到 20 亿元，但到最后发现这些电商都没赚钱。因为它们不懂得去做品牌，为了增加流量使劲降价搞活动，到最后还是不赚钱。所以流量转化达到一定程度，做品牌的时候如果不及时进行改革和考核，那企业后面就会出现很多问题。

总之，基于流程的绩效考核，我们一定要做好两件事情：第一，任何一个企业的经营，必须画出流程；第二，在关键里程碑上，要找到关键考核指标。

| 配置小组织的关键考核人员及其目标 |

一个小组织在绩效考核当中，非常重要的一个动作就是做流程。流程一做出来我们就会发现，如何把每一个环节做好，是拉开我们与竞争对手之间差距的关键。当我们发现企业经营的业绩和利润没有竞争对手的时候，也要画出流程检查每一个环节到底做得怎么样。

我们把流程图画出来，就会知道因和果是什么关系。人与人之间，以及企业与企业之间最大的差别，就体现在流程中每一个环节的升维和降维上。我们想打败竞争对手，一定要在关键流程上比竞争对手升维。别人送货需要两天，那我们能做到半天，就能把对手打败。别人的视频没有筛选，而我们有筛选，也能打败竞争对手。我们在某一个领域当中，比别人多迈出半步，就能比别人优秀。

美国有一家由老华侨经营、连续几年销售额都是 2000 万美元的公司，但 2013 年有家公司的销售额超过了老华侨的公司。原因就是这家公司把流程理顺以后，找到了竞争力。诺基亚在 2000 年左右产品卖得很好，市场占有率也很高。但是现在，诺基亚对比苹果、华为这些新兴的手机企业来说已经没有了太多竞争力。所以企业要往长远规划，不能只看到眼前的这一点蝇头小利，而是应该设计流程，并从中找到企业的发力点。

通过流程优化，我们会发现，在做企业研发、经营改革、经营优化的过程中，都要去看这张图。比如我们在规划时，要想比竞争对手做得更好，可以选择在采购方面比别人做得更好，在物流上比别人速度更快，在服务连接上比别人做得更全面。我们公司现在要求的周转时间是 45 天，那过一段时间我们能不能要求 44 天到货？我们有什么办法能实现这个目标？这些问题都是通过这个流程发现的。我们还可以给这个小组织做编制，配几个推广、运营、门店、采购和物流的相关人员，各尽其职，争取做到不多浪费一个人。

可惜很多时候，企业的岗位不是按流程分配的。比如我们长松公司始终缺乏一个做企业经营策划的重要岗位，这也是我最想建立的一个岗位。为什么我们做不出来？因为我们现在做市场策划的三个人年薪很高，策划能力都很强，所以即使招了员工，做出来的策划单也不如这三个人。正是这种因素的影响，使员工没有得到成长或者经常无事可做，最终也就导致这个岗位没有合适的人才。

一个公司一定是先有流程，后有组织架构，流程之外多余的人和部门全部都要清掉。企业老板会招人不是绝招，会裁人才是绝招。招人可能会招错，试用期不行我们可以换掉。但是过了试用期，辞退一个人的成本很高。我们知道辞退一个人要补 N+2 的薪资，比如，辞退一个入职十年的员工，要赔 12 个月的工资。除此之外，企业还会出现岗位的空窗期。我们要再招人、培训、试工，成本是相当高的。企业流程做好以后，我们就可以画出它的组织架构。然后再画出产品规划立项，新品研发制定标准。这些都可以放到部门里面，招人、裁人时按流程办事，也就不会有那么高的成本出现了。

以我们公司为例，流程主要分为三个部分，第一个是产品研发中心，也可以叫产品中心。第二个是从供应商开发到采购、运输，我们把它叫采购中心。第三个是从开店到把货卖出去，我们把这一段叫销售中心。根据这个流程，我们采用的组织架构是三级的，这三级分别是总经理、总监、经理。三级形成以后，下一个非常重要的工作就是要找到关键考核人。

一家企业里面有三个岗位非常重要，分别是 CEO、CHO（首席人力资源官）、CFO。CFO 作为好的财务，最应该掌握的技术就是核算，比如企业的资金周转率、税务的优化、公司的利润率、公司的增长率等指标，都是财务需要考核的重点内容。CHO 里最有价值的是人事，人事里面最重要的工作是"招薪晋考"，换一句话叫"选育用留"。选就是把苗子招回来，育是培训他，用就是授权给他职务，留就是对他晋升、下降、工资分红。"招薪晋考"就是招聘、薪酬、晋升、考核，这是企业用人的四大重要法则。最后，再加上一个执行力超强的 CEO，形成稳定的三角结构。

分子公司的关键考核人是总经理。我们公司的分子公司在扩张的过程中，只考核总经理一个人，总经理找的好，业绩就好；总经理找的不好，业绩就差。但事业部实行的是双子管理，即需要专家 + 管理者的双重角色，一般要选两个人。事业部如果不强，要么是专家不强，要么就是操盘手不强。

所以我们做一个销售组织，就要看销售组织的总经理；做一个事业部，就要看专家＋操盘手；一家企业就要看 CEO、CHO、CFO 这三个人。

企业有三个中心，至少要诞生三个关键的考核人，分别是产品总监、采购总监和销售总监。这三个关键人找完以后，我们发现有些部门只有一个销售总监还不行，于是我们又找到一个非常关键的岗位——店长。店长、销售总监、采购总监、产品总监，这四个岗位都是做蛋糕的人，人力资源、财务和老板则是分蛋糕的人。

这个社会当中，没有做蛋糕的不行，没有分蛋糕的也不行。所以企业考核要把做蛋糕的和分蛋糕的都进行考核。于是我们得出了要考核的岗位有四个，分别是店长、销售总监、采购总监和产品总监。这四个岗位是做蛋糕的，我们再加一个分蛋糕的老板，以及两个帮助分蛋糕的财务和人事，就是这家企业要考核的关键岗位（见图 3-5）。它的数量可能有几十个，因为一个 CEO 下面的店长可能就有十几个，其他类似的还有销售总监有三个、采购总监有三个、产品总监有六个等，这些都是要做考核的岗位。

找到需要做考核的岗位后，企业还不能直接对这些岗位进行考核，而是应该先进行总体评价，回顾一下这一年企业的工作情况，之后制定出未来发展的目标，再根据这些内容来制定具体岗位的考核指标。这样制定出来的考核指标才最符合企业发展形势，也能让这些岗位的负责人找准努力方向。如果之前定的指标不合适，也可以及时进

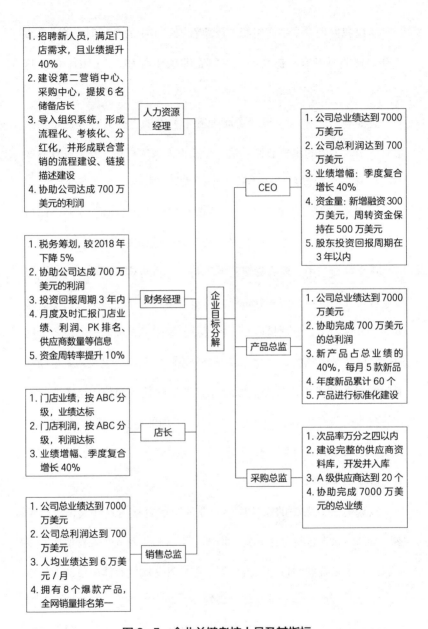

图3-5　企业关键考核人员及其指标

行修改，并根据企业实际情况重新制定出新的指标。

第一步评价完成后，第二步就要评价企业明年是不是可以做出新的特色，也就是企业要对这些关键的岗位做出新的评价。下面以财务经理和人力资源经理为例说明。

财务经理

对财务经理的考核中有一个非常重要的指标，叫资金周转率的提升。一个优秀的财务经理的核心是"算账"，要考虑的是如何让企业的钱周转的次数更多，从而赚更多的钱。如果他只能做账务和税务管理是不够的，要想办法让这些钱生出更多的钱，是通过生产工具、人力资源工具，还是销售工具……

当我提出考核财务经理要有一个指标是资金周转率的提升时，很多财务经理都不理解。其实不理解的财务经理，本质上做的不是财务，而是会计工作。真正的财务经理，需要有一些经营思维，才能帮助企业取得更多的利润。

人力资源经理

人力资源经理有一个指标叫人力资源效率的提升。人力资源就是为了提高人的效率。平时工作如签合同、弄保险、搞纪律，这不叫人力资源，只能叫人事管理。人力资源管理总共分为四档：第一档，劳务管理；第二档，人事管理；第三档，人力资源管理；第四档，人事效率管理，也叫人力效率管理。你干的活的价值，决定了你的职位，也决定了你的段位。

想要人力资源效率提升，首先要用总利润除以总人数，换算出公司今年平均每个人创造了多少利润。比如当年我们公司的利润是5000万元，员工是1000名，我们每个人一年就创造了5万元的利润，那么怎么样才能每人一年创造6万元利润？这就是人力资源考虑的核心问题。有可能是换人、更改薪酬、赋能（也就是培训），也有可能是裁员。不管怎么做，都是为了提高这个指标。

上面这个例子说明，企业在不同阶段需要制定的目标是不一样的。在企业刚开始起步时，制定的考核指标不需要太复杂，能建立起初级的财务体系和人力资源体系就足够了。但随着企业的发展壮大，考核指标也需要跟着一起提高，不能再是初级的标准，而应该向中级甚至更高级发展。这样员工才能真的和企业一起进步，得到的是互利双赢的结果。

到此，我们就把一个小组织完整的经营流程图画出来了（见图3-6）。当我们做完这个经营流程图以后，这个小组织需要多少个编制、该怎么样考核、考核谁、他的工作重心是什么，以及工作的质量标准是什么，我们基本上都清晰了。下一步我们只需要把这些岗位的考核指标收集起来，然后做出相对应的绩效考核表就可以了。

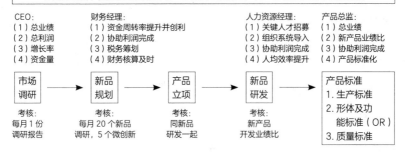

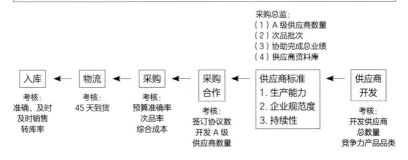

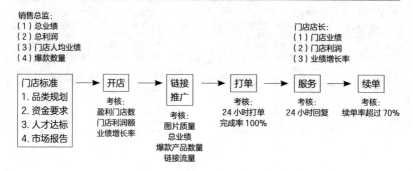

图 3-6 完整的企业经营流程图

常用的绩效考核方法

我个人建议大家不要过多地去看媒体对绩效考核的优缺点评价，因为世界上没有一种方法是完美的。当然，还有很多企业根本就不愿意考核，怕出问题怎么办、不公平怎么办。虽然有这种心态很正常，但是企业不能放弃考核，做考核总体来说是利大于弊的。

此外，企业考核时要放平心态，不要一心想着非要做到 10 分。第一，考核比不考核强；第二，既然不能做到 10 分，那就要向前走，在考核过程当中不断发现问题。绩效考核永远是在前进的过程中不断提高完美度的，但要记住，它永远不可能百分百完美。

| 几种常用的绩效考核法 |

我们经常使用的绩校考核办法有如下几种：

第一，单一指标考核法。

我个人觉得单一指标考核法非常适合于个人。比如我的朋友最近这一段时间考研，用这个方法觉得非常成功。就是这段时间只专注考研，除了吃饭、睡觉、学英语，其他的事情都不重要。这就叫单一指标考核法，特别适合于个人在某一个阶段使用。单一指标考核法对于企业不适合，因为企业的任何组织注定都是多指标的，企业需要从不同的维度考核。

第二，MBO 目标管理法。

MBO，即 Management by Objective，目标管理法。这种方法比单一指标进步了，但是也有自己的问题。企业定下几个目标以后，很难让所有人都百分百地投入工作，造成不同岗位的效率不一，这就会导致有的岗位下的目标多，有的岗位下的目标少。还有目标制定的程度也容易出问题。比如这个店这个月的利润是 100 万元，下个月定 120 万元的利润目标，第三个月定 140 万元的利润目标，第四个月定 200 万元的利润目标……总有一天，我们会实现不了定下的目标。就像以前打破世界纪录非常容易，现在就非常难，主要原因是人们能力的提升是有限的。

第三，KPI 关键绩效指标考核法。

目标管理法在相当长的一段时间内是绩效考核的核心。但是它被淘汰了，因为又诞生了一种考核方法，我们把它叫作 KPI，即 Key Performance Indicator，关键绩效指标。

关键绩效指标有一个非常重要的特征，就是它的逻辑理论是要求我们只要做好最关键的几件事，就能完成大部分的事情。民营企业在开始实施绩效考核的时候，可以先用关键绩效指标这种考核方法起步。这种考核方法的缺点是由上向下定目标、员工的能力意愿不同，导致有些员工不能百分百全程努力去做这件事情。

第四，OKR 考核法。

OKR，即 Objectives and Key Results，目标与关键成果法。这种方法最早诞生于谷歌公司，是目前比较流行的一种考核方法。这章最后我会把企业关注较多的 KPI 和 OKR 做一下比较，企业可以根据实际情况进行选择。

第五，BSC 平衡计分卡。

BSC，即 Balanced Score Card，平衡计分卡。平衡记分卡主要从四个维度做考核，分别是业绩、管理能力、服务满意度（客服满意度）、学习和成长。它是在关键绩效指标考核法的基础上产生的。如果企业的管理体系基础比较弱，就没必要用这种考核方式。我们学什么东西，不能按最高的、最好的那个人去做标准。它用了什么方法，我们都去照抄，这样做可能会"水土不服"，因为使用 BSC 的企业，通常体量比我们大，每年的成本开支比我们高，而我们还达不到那么大的体量，所以没有必要完全一致。

第六，EVA 考核法。

EVA，即 Economic Value Added，也叫全数据考核法。目前我个人觉得能够实现全数据考核法的，主要是在医学领域。现在很多疾病，医生还没有见人，通过医疗仪器检查后的数据化分析，就可以大概知道这个人得的是哪方面的疾病。

现在人类大多数的已知疾病，都是可以数据化的。我们通过一个人的各项指标，就会知道这个人的身体状况，比如血压、血脂、各种酶、各种细胞的分泌等。

上面介绍了几种企业常用的绩效考核方法，各有利弊，需要企业了解其原理、方法后，根据企业的实际情况自行选取。

｜ KPI 与 OKR 的区别与联系 ｜

KPI 中，董事长下面是 CEO，CEO 下面是各个 O，各个 O 下面是各个小组织。董事长把目标下放给 CEO，CEO 把目标下放给下面各个 O，各个 O 把目标下放给各个小组织。这样一级级地下放，我们把这种方法叫 KPI。

OKR 的考核方法与 KPI 不太一样，谷歌公司发现 KPI 的缺点是某个岗位上的人只能等上级给目标或者绩效面谈，告诉他应该做哪些工作。上级给的这个任务一般是要完成的，如果有几次完不成，那么这个岗位可能就做不下去了。在这种模式里，员工基本没有自主性，只能跟着上级的指示被动工作。

OKR 打破了这种目标制定办法，它要求下级填写自己的目标，告诉上级自己要做什么。这个目标要具备三个特征：第一个特征是它要具备挑战性，目标最好是超出他的能力范围，对于他自己来说不是很轻松就能实现的；第二个特征是它要具备创新性，制定的目标不能是原本就有的想法，要有独特性；第三个特征是它要具有难实现性，这一点主要是针对产品来说的，最好是目前企业没有或还没涉足的领域。

为什么谷歌要用 OKR 这种方法呢？因为谷歌发现，一个好的产品往往不是规划出来的，而是在工作中通过员工的自我能动性诞生出来的。这种绩效考核方法有一个非常重要的特征，就是具备极强的宽容度，可以充分调动员工的积极性。即使你最后只完成了 60 分，但如果你的想法或创意确实有可行性，而且前景广阔，也可以拿到全薪。所以在企业中，OKR 是一种革命，也使绩效考核的方法更加多元化。

KPI 和 OKR 这两种考核方法，没有谁对谁错，只是侧重点有所不同。公司要想用 OKR 的话，就需要大量的管理基础技术作为支持，但目前很多民营企业还达不到这个要求。虽然企业的管理水平有限，但依然可以选取 OKR 中合适的做法应用在企业中。比如在制定目标的过程中，管理层深入现场，多听取一线员工的声音，就是一种好的尝试。比如我们准备了一款新产品，上市前我要先问问现场一线的员工，听听他们的想法，看之前定的目标是否合适。董事长或 CEO 不要强加给别人你的规划，因为你的规划并不一定符合市场，做出的新产品也可能和你的想象有差距，一线员工是接触新产品最多的人，他们的想法会比你的想法更贴近顾客。这样做的企业虽然没有办法完全达到谷歌公司使用 OKR 的效果，但至少能够解决很多实际问题，对于企业来说也是有百利而无一害的。

第四章

绩效考核表：
人才从这里脱颖而出

认识绩效考核表

指标

企业需要做规划，个人也需要做规划。我们可以从众多目标规划中选出最关键的一些指标，比如收入指标、健康指标、学习指标、旅行指标……每个人根据自己的实际情况，选择的关键指标都会不一样。

比如我们公司的总经理和辅导师们基本上没有自己的私人生活，把时间完全放到了工作上。事实上，绩效考核关注的不仅是工作情况，更是你自己规划出来的人生。比如我的收入指标完成了 80%，其他指标完成的很少，那就说明我今年的主要时间是用来挣钱的，其他指标基本没有顾及，那么下一年我就会根据情况调整自己的时间，使其多放到其他指标上。

权重

权重就是一项指标占所有考核指标的比重。我们把收入和健康进行排序，你认为排名第一的指标是哪一个？把收入作为第一位的，一般都是二三十岁的人，等到了中年的时候，健康一般都会成为第一位。

你可以把总权重设置为 100 分，5 个指标的平均权重各是 20 分。再根据指标的重要性，把平均权重调整为 40∶30∶15∶10∶5。我们从这些指标的权重里面得出一个结果，就是各个指标的重要性不一样，有一些事情即使不做，绩效考核得分也不会太低。这样，你就能顺利找到自己今年目标中最需要重视的指标了。

定义

定义就是指我怎样理解这个指标，或者我怎么考核这个指标。我们要让被考核人非常清晰地知道指标代表了什么，他们才会在工作中按照目标的指引正确前行。

比如对于收入指标，有的人理解为税后收入，有的人理解为税后收入减家庭开支，也有的人理解为税后收入加理财收入减银行贷款。每个人计算定义不同，得出的数据也就不一样。

所以，企业在制定绩效考核指标时不要让被考核者产生歧义，而且要对它有所说明，制定的标准要有考核性。只要产生争议，这个考核表就是有问题的。

表 4-1 是我给自己定的考核表，我把它叫作个人 KPI。当然我可不是一年只做这五件事情，但这五件事情是要重点考核的，所以单独列出。表 4-1 是关于个人的，表 4-2 是针对公司的。

表 4-1 2020 年个人考核表举例

序号	指标	权重	定义	得分标准
1	收入	30	税后收入	目标年收入 45 万，15 万开始积分，每增加 1 万得 1 分
2	健康	30	A. 体重　10 B. "三高"　10 C. 感冒　10	目标 150 斤，170 斤开始积分，每降低 2 斤得 1 分 高血压每超 1 次扣 2 分 感冒 1 次扣 10 分
3	学习	20	A. 钢琴 6 级 B. 考博	2 级开始积分，每升 1 级得 2 分 过线得 10 分
4	旅行	10	A. 国外 1 次 B. 度假 5 次	1 次得 5 分 每次得 1 分
5	家人	10	陪父母 1 个月	每 3 天得 1 分

表 4-2 2020 年董事长考核表举例

序号	指标	权重	定义	得分标准
1	利润	30	税后未分配利润 5000 万元	从 3000 万元开始积分，每增加 100 万元得 1 分
2	现金	30	8000 万元	从 5000 万元开始积分，每增加 100 万元得 1 分
3	行业排名	20	行业前 10 名	每前进 1 名得 1 分
4	增长率	20	35%	从 15% 开始积分，每增加 1% 得 2 分

　　董事长是企业的第一个考核人。可以设置第一个指标是利润，第二个指标是现金，第三个指标是行业排名，第四个指标是增长率，等等。

　　指标设定好以后，接下来就要设置权重，即各个指标上应该得多少分。比如一共有四个指标，其中两个指标一定会超过平均分 25 分，就可以设定为 30、30、20、20 的形式，根据重要性把指标进行重新排名。比如有的人认为利润和增长率最重要，就可以把这两个指标的权重加大；有的人认为现金对自己最重要，那就把现金的权重加大。

　　调整完权重后，就要对指标下定义。以利润这个指标为例，定的是税后未分配利润 5000 万元。这个指标的定义很清晰，而且得分标准也可以根据这个定义马上制定出来。我们以 3000 万元起步，每增加 100 万元得到 1 分。后面这三个指标以此类推，表格中已经有了说明，这里就不再复述了。

　　这样我们就做出了关于董事长的考核表。董事长的考核表做完以后，就可以把这个考核表对董事长公布。这个考核表做得非常简单，只有四个指标，但现实中企业可能会做 6 ～ 7 个指标。因为每年都会有新的指标出现，需要把这些指标都加上去。比如某家公司今年要开展互联网经济、申请上市、扩股融资等，这些关键的指标都要对董事长进行考察，然后再根据实际的需要进行添加。

绩效考核表的三种形式及指标选取

绩效考核的目标是所有员工都应该熟知的，大致可以分为个人目标、企业目标、组织目标和部门目标。有目标之后就要有具体任务，并且配合进行各种检查，这些检查就是绩效考核。绩效考核不是随便打分，它是一套系统工程，这套流程中最重要的一个工作就是制定绩效考核表。企业的绩效考核表主要有以下三种形式。

| 绩效考核的主要形式 |

目标责任书

签订目标责任书的岗位一般都有一个特征，就是它不是一个光杆司令，而至少是一个小组织的管理者。企业不会让基层员工签订目标责任书，他们签的是岗位责任书，或者叫职责书。目标责任书就相当于是管理者的绩效考核表，里面不仅有针对他个人的指标，而且还有他负责的小组织的指标。所以企业需要特别注意，目标责任书要发放给管理者，特别是企业内重要的管理者，不要和岗位责任书搞混。

定制版绩效考核表

如果你是一个会计，企业是不会让你签订目标责任书的，而是会让你在特别定制给会计的绩效考核表上签字。原因很简单，会计、出纳等岗位的目标很难量化。企业对会计的要求不可能是不把账做错就行了，对出纳的要求不可能是今年少丢现金50万元就行了，这些考核指标根本没有意义，而且容易让员工放松警惕，反而容易出错。对于会计、出纳这些岗位来说，需要考核的指标又多又繁，所以这里的绩效考核表是专门为他们定制的，和其他普通岗位不同。同样，像技术岗位、职能岗位等我们都会签订专属于他们的绩效考核表。

看板管理

还有一种形式的绩效考核表，叫看板管理，主要应用于工厂车间。假设工厂车间里一条流水线上有100多人，每个人做一个环节。有人检查成品、有人打包、有人装箱，各司其职，互相配合。这样的岗位做目标责任书和绩效考核表都是没有意义的。我们会做一个看板，对各个流水线上的具体岗位提出要求。根据员工的工作任务，对这个人的积分进行考核，这种考核方法就叫看板管理。

对于不同的岗位，企业需要使用不同的绩效考核表进行考核，这样考核出来的结果才是准确可靠的。

｜ 选取绩效考核表指标 ｜

绩效考核指标的选取原则非常简单，一是不要搞形式主义，二是指标要尽量精简。我走访过很多企业，发现有的企业把考核搞的相当复杂，甚至对一个岗位的考核可以达到三十多个指标。比如表 4-3 这个案例，是针对区域销售总监制定的指标。他们先对这个岗位制定

表 4-3　绩效考核表的指标选取举例

序号	指标	定义	得分标准
1	新增客户	A. 搜集客户数量 B. 见面拜访客户数量 C. 路演客户数量	
2	业绩回款	A. 新客户的业绩 B. 复购业绩 C. 大单订单 D. 退款数	
3	执行施工		
4	团队打造		
5	资质办理		

了五大类指标：新增客户、业绩回款、执行施工、团队打造、资质办理。之后在新增客户这个指标里面，又细化了很多小指标，比如要搜集多少客户、有多少客户要进行拜访、多少客户要路演。再看业绩回款指标里面又分了很多小指标，比如新客户的业绩、复购的业绩、大单订单数目、退款数。以此类推，把所有大指标又分化出了二十到三十个小指标。

全员考核如果都用这种复杂的绩效考核表，就会增加很多额外的工作量，因为任何管理都是要消耗成本的。日本有一家叫横河机电的企业，我去考察过6次。这个企业没有管理，员工自己就可以去拿现金、开支票，没有财务约束。而且这家企业的仓库也没有仓管员，都是自己到仓库领物资，写上领取的物品和数量就可以了。如果拿走10个螺丝，最后用了8个，剩下的2个再退回库里，并记录在册就行了。

这家企业的老板做法很大胆，并且对于节省管理成本很有效果。因为任何管理都是有成本的，比如有仓库就得有仓管员，一个仓管员一个月至少需要几千元钱的工资，如果有几十个仓管员，企业就得付几十万元的工资。

这个方法虽然效果不错，但是缺陷也很多。如果所有的人都弄这么详细，会占用管理者很多的精力和时间。这家企业显然也意识到了这一点，所以他们还采用了另一个办法作为辅助管理手段，即70%的指标由上级来考核，30%的指标由部门来考核，使考核群体也发生了改变。

中小型民营企业如果在绩效考核表中设置太多细小的指标，就会增加成倍的管理成本，这对企业管理者来说是完全没有意义的。所以我一般建议在考核员工的时候，设置三到七个中级考核指标就足够了。比如我们考核新客户成交量这个指标的时候，其实员工背后要提前做很多工作，这些细致的工作我们不用考核，因为他想达到成交量的指标，肯定会主动去做，并不需要在考核表中特意标明。

一般来说，我们做的绩效考核表都是年度绩效考核表，但是如果企业在这一年里的工作比较复杂，放到一起考核容易出错，那么也可以做成季度考核表，之后根据季度分解指标。在分解绩效考核指标时，主要有三类方法可以使用：

第一类是把指标根据季度的不同细分成各个小目标，比如把销售额分为 12 个月来分别统计。

第二类是进程管理，在一年内，我们可以第一季度做调研，第二、三季度做方案，第四季度做培训和运营。

第三类是指标拆解，一个大指标里面可以拆解成各个小指标，之后分别做考核计划进行考核。

企业在进行指标选取时，要根据企业的具体情况和绩效考核表的制定方法，选择合适的指标放到考核表中，这样才能对员工进行有效考核。

绩效管理与管理绩效

绩效考核表在设置时，还需要搞清楚一个问题，那就是绩效管理主要是靠上级的监督，还是员工本人的自我管理呢？在企业中，只有两个人对于绩效考核表的指标最清楚，一个是自己，另一个是自己的上级。凡是被动地等着上级给他下达任务的人，个人积极性肯定是比较差的，他的绩效管理也肯定不达标。

就像子女和父母的关系，凡是一切听父母的话，没有自己的思想，让做什么就做什么，这样的孩子长大以后基本上都是碌碌无为，不会有什么出人头地的表现。

我见过非常多的父母，每天带着小孩去赶各种培训班。但是培训班都不是小孩自己选的，而是父母认为适合小孩就报名了，其实这些培训班哪里是给小孩报的，都是给父母报的。这些孩子在小的时候被压抑了自己的性格，等考上大学以后，脱离了父母的监管，立刻什么都不愿意学了，开始疯狂打游戏、谈恋爱、旅游……

什么样的孩子将来能成大事呢？那些最懂自己，非常清楚自己想要学什么的孩子。父母是他的一个资源，自己想做什么的时候，就向"上级"提出求助支持。所以父母是孩子实现自己理想的帮手，孩子要有自己的理想，才能有目标和方向。

在绩效考核的认知中，最大的误区就是团队形成后，管理者交待什么组员就做什么，完全不是因为自己想做，而是因为要求做就做了，如果没有事情的时候自己也不想开发新的任务，这就违背了绩效考核的初衷。绩效管理不是上级不断要求下级做事，而应该是下级不断向上级要资源，二者带来的绩效考核成果肯定是不一样的。

这就是绩效理念最核心的东西，我们在做绩效的时候要有一个非常重要的目标，就是不能让下级完成任务就行了，而是要让他们生发出更好的状态，超过上级的期望。绩效考核其实是在创造一种文化，然后用这样的文化影响企业的员工，让他们认同企业的理念，主动做事。

当年我们一个分公司立下军令状，不睡觉也要每个月达到营业额100万元。当实现100万元的时候，大家都兴奋得彻夜难眠，一起吃夜宵庆祝，高兴到把自己喝醉。现在我们这个分公司每月营业额基本保持在200万元到400万元。所以，目标可以由上级提出，但是真正的工作状态与挑战性一定是以下级为主体。要让下级形成一种自我挑战的机制，转变其思想，这才是企业做绩效管理的真正意义，绩效考核表也才能真正有效。

绩效考核指标设定

对于高级管理人员的绩效考核指标，一般包含了以下三部分内容。

联合指标

一个公司的所有高管会共同考核一个利润指标。比如 CEO、CTO、COO、财务、人事，这几个重要的岗位，甚至包括工厂的负责人、采购总监，都有可能会考核到利润，甚至部分岗位会考核业绩，也就是销售额。我们把这些岗位都考核到的指标叫作联合指标（见表4-4）。虽然考核的指标相同，但是考核的比重不同，这个主要因岗位不同而有所差异。比如利润指标，可能对 CEO 的权重是 60%，但是对于财务负责人来讲，因为有比利润更重要的指标需要执行，所以利润的权重会低很多，大概在 10% ～ 20%。联合指标对不同岗位的影响和重要性都不一样。

表4-4　高级管理人员的绩效考核指标举例

联合指标	CEO、CTO、COO、财务、人事	
	利润	业绩
本职指标	CEO	CTO
	分子公司扩张	新产品研发
	互联网业绩	新产品业绩
	子公司总经理培养数	项目经理培养数
特岗指标	代理商利润超过 1000 万元	新软件研发

本职指标

本职指标就是员工自己要做的事情，这些事情对应的岗位指标都不一样。比如 CEO 的本职指标和 CTO 的本职指标就不一样，CEO 会被考察一个非常重要的分子公司扩张指标，CTO 则会被考察一个非常重要的新产品研发指标。考察 CEO 的另一个重要指标是互联网业绩，考察 CTO 的另一个重要指标是新产品业绩；CEO 有一个指标是子公司总经理培养数，CTO 有一个指标是项目经理培养数。

特岗指标

特岗指标是指这个岗位与别的岗位不同的考核指标。特别是这个岗位上一般会有新任务，就是今年企业新增的指标。比如 CEO 在绩效考核表中增加了一个代理商利润指标，要求今年代理商的利润指标超过 1000 万元。CTO 则可能会有一个做新软件研发的指标。

每个岗位考核的指标，我们会发现既有相同点，又有不同点。而且越往下考核差异性越大，比如会计和业务员的考核指标就完全不同，如表 4-5 所示。

表 4-5　会计与业务员的考核指标对比

	会计	业务员
联合指标	无	销售额（个人）
本职指标	核算账务 报税 预算	收集客户 访问客户 合同数
特岗指标	理财产品分析	复购率

首先，我们看一下联合指标，会计属于财务部，财务部长、财务经理和总经理的考核中是有利润这个联合指标的，因为会计不需要对公司的这个重大指标去做联合，于是我们就把利润这个联合指标给取消了。业务员属于销售部，他有一个个人销售额的联合指标。

其次，我们看一下两个岗位的本职指标，会计的本职工作就是核算，于是他就有一个核算账务的指标。有的公司会计工作是分开的，报税的专管报税，核算的专管核算，那么他们的考核指标也是对应分开考核。还有很多公司只有一个会计，什么活儿都要干，所以报税、预算等指标都要考核。业务员的本职工作都和客户有关，所以他有收集客户、访问客户、合同数等考核指标。

最后，我们看一下特岗指标。我们可能会对会计有特殊要求，比如要求会计做一个理财产品分析，分析信托、保险，基金中的股票型基金、指数型基金等理财产品的收益情况，帮助公司决定是否需要理财。业务员一般没有特岗指标，如果非要求一个，那可能就是复购率了。复购率就是客户重复消费的频率，这个指标不是日常考核的指标，只是针对某一个阶段的考核。

一个公司内部的考核得分，不同部门不要相互比较。一个 90 分的会计，不一定有一个 40 分的业务员贡献大。一般我们在招聘会计的时候要求会比较简单，招聘的都是有会计证的人，如果有工作经验就更好了。对于业务员这个岗位就没那么简单了。大学的市场营销课堂里从来不会教你卖某一种具体的东西，所以业务员永远相当于是非专业人士在做。更要命的是，你在 A 公司积累的销售经验到 B 公司后很可能用不上，还得重新来。所以我不主张营销人员一年跳好多次岗，因为容易把自己跳死。但是财务跳槽的话相对容易很多，自己积累的经验到另外一个地方，大部分还是可以用的。

另外，财务岗位每月按照正常的工作去做就行了，即使核算账务出错扣点分，报税不及时再扣点分，一个月努力努力，工作得 90 多分没有问题。而业务员如果遇到这种状况，那就是直接归零。然后再拼死拼活签个合同，涨一点分；再拼死拼活拿点业绩，又涨一点分。所以这两个岗位一个是减分的，一个是加分的，肯定是减分的财务岗位更容易得分。

　　针对财务岗位，如果我们不用大量的时间去做绩效面谈，就不会知道财务的特征。所以会计人员想造假还是比较容易的，我见过厉害的会计，一个月就干几天的活，绩效也没太大的差别。而业务员干的活都很清楚明了，比如这个业务员有多少个客户，签了多少合同，一看就知道了。企业在给各个岗位制定指标的时候，一定要先把逻辑和原理搞清楚，才能对症下药，取得好的效果。

第五章

重要岗位绩效考核表：
对专业人才的专项考核

董事长绩效考核表制作

任何一家企业的考核表都不能一次性集中考核二三十个指标，这样做不但复杂，还增加了工作量。考核有一个因果关系，比如一个人的各项身体指标都比较正常，那就说明他身体比较健康，继而会发现身体健康有几个因素：一是饮食结构比较好，二是运动做得比较好，比如经常游泳、健身等。饮食结构比较好，也有几个因素在起作用：一是按时吃饭，二是对营养学比较了解，三是吃饭的量把握得比较好。所以考核一个指标，它背后会有很多因素作为支撑。在企业中，级别越高，考核的指标越大；级别越低，考核的指标越小。下面，就从董事长的绩效考核表讲起（见表 5-1）。

第一个指标，利润。

董事长绩效考核表中第一个需要关注的指标是利润。在解释利润这个指标前，我们首先要做的是根据权重对指标重要性进行排序。假

表5-1 董事长绩效考核表

	名称	权重	定义	计算方法	数据收集
公司指标	利润	20%	要求累计7000万元核算利润	从3000万元开始得分，每200万元得1分，最高20分	财务部
	现金流	20%	要求平均保有现金8000万元以上	从6000万元开始得分，每100万元得1分，最高20分	财务部
岗位指标	行业排名	30%	企业整体规模在行业处于前三名	达到30分，每下滑一名扣10分	市场部
	行业竞争力	30%	2个行业第一产品，10个行业前三产品	2个行业第一产品，每1个得5分；10个行业前三产品得20分，每少个扣2分	市场部

设有五个指标，第三个指标的权重大约在20%。其他指标的权重对比这个指标来进行，往上应该超过20%，往下会低于20%。当然也有一种特殊情况，就是五个指标的权重都是20%。表5-1中这家企业的行业竞争力的指标比重超过了30%，说明这家企业想要的不仅仅是利润和现金量，还有企业在行业内的竞争力。

之后，我们要对利润下一个明确的定义，因为同样是利润，不同的人有不同的理解方式。比如有人认为企业多了三套房，叫增加了利润，但这个利润是不可以分配的。这种认知造成很多企业有利润却没有现金。很多企业到最后活不下去，就是因为它们虽然有了很大的利润空间，但是现金流却很少。

假如企业签了一个1亿元的合同，发票也开了，成本是5000万元，利润5000万元，那么这5000万元利润是要交税的。实际上企业才收回 4000 万元的销售款，有 6000 万元是挂账的应收账款。按财务记账方式和国家税务规定，企业还是要按账面的利润交企业所得税。结果企业交完税，账户上就没钱了。很多老板认为虽然发生了经营，但钱没有收到，那就不算利润。但是，国家税务、经理人和股东都认为企业是有利润的。所以如果没有一个对利润的明确定义，大家对利润的理解就会出现偏差。

表 5-1 中，"累计 7000 万元核算利润"这句话就比较清晰，这里包含了"核算利润"这个关键词，主要是指企业可以分配的现金。这里有个计算方法，可以解决如何考核的问题。比如一个指标的权重是 20%，如果利润是 7000 万元，这个指标用 7000 除以 20 算出来肯定是不对的。因为企业去年绝对不可能是零利润，所以这个算法算出来的结果是不公平的。我们写上从 3000 万元开始，每 200 万元得 1分，最高 20 分。说明有可能去年我们就做了 5000 万元，甚至 5500万元，但是企业不可能从 5000 万元起步做考核，要考虑到会有其他外部环境因素的影响，也不能给董事长太大的压力。所以企业需要调整这个指标，比如按照公司近几年的利润情况，从 5000 万元往下降到 3000 万元，目的是使这个数目基本可以实现。

表 5-1 中有一个非常重要的解释是"收集的数据来源于财务部"。一般企业遇到关于业绩数据、生产量的时候，很少会从零起步，要把前几年的数据算上作为参考。什么情况下可以零起步呢？新的创业企业，比如新增业绩额为 1 亿元，这个时候就不能从 3000 万

元开始计算，而要从 0 开始计算，0 以上部分都为新增。

第二个指标，现金流。

第二个需要关注的指标是现金流。现金流显示出这个企业的盈利能力有多强，盈利空间有多广。如果一个人每个月挣 4 万元，但他每个月花 2 万元，又投资了其他几个项目，没有盈利，也就没有了现金流，最后自然会破产。破产不是因为他没有挣钱的能力，而是因为现金流不足。

很多公司的老板赚了点钱之后，就想涉足其他领域，根本不管公司的现金流是否能支持开一家新的公司。比如现有公司要投资 300 万元开一家新公司，但是银行账上只有 100 万元，于是他安慰自己："很多大企业家当年也没有钱，也去做了。万一我把握住了机会，就有可能赚到更多的钱。"但是这种机会可遇而不可求，大部分人是遇不到的，因此破产的反而不少。还有一些老板搞投资就像买股票一样，一跌他就赶快补一贴，补到最后发现没子弹了。还有很多老板投资上瘾，这个项目投 500 万元，那个项目投 1000 万元，没钱了就吃利润；建一个工厂耗资 2 亿元，工厂利润才 800 万元，还完银行利息也就不赚钱了。

所以，董事长一定要多关注企业现金和资金保有量的情况，并根据变化及时做出调整。根据我的分析，人们对于资金的理解主要分为以下几种：第一，可支配的现金；第二，拥有的现金；第三，可调动的现金总额。作为企业董事长，一定要明白，你拥有的现金不等于你可支配的现金。因为企业除了现金外，还有其他资产（如投资、土地、债券等），所以可支配的现金一般都会比拥有的现金多。如果不分清楚它们之间的差别，那么就有可能对现金出现误解，继而随意使用现金，造成企业现金流困难，甚至导致破产。

很多人之所以失败，就是因为当他拥有 1 个单元的资金的时候，他可调动的资金都没有超过 0.3。比如你这个月挣 1 万元，结果 3000元的现金都拿不出来。因为你要交房租、还银行贷款，这些钱交完你就没钱了。

为什么有些人的可支配现金很少，却还能挣到钱？因为他虽然自己的现金少，却可以利用贷款进行投资，成功地使"钱生钱"。他们的想法是我有多少钱，再加上我贷款的钱，我就能用多少钱。所以每个人由于调动资金的权利不同，导致了每个人挣钱的速度不同。

我当年注册了一个注册资本为 100 万元的公司，但我可调动的资金要比我注册资本的资金高 100 倍。原因在于我加大营销力度，让客户先交钱，我的资金量就多了，可调动的资金也就多了。很多人穷，就是他从来没有想过如何才能更有效地调动钱。一个财务人员考虑的是老板应该怎么花钱，应该花账面资金的百分之几；而一个经营者要考虑的是自己做的事情需要动用企业账面资金的百分之几。两者最大的区别就在这里。

这里也牵出了一个新的概念，就是资金保有量。比如我拥有保有资金 8000 万元，其中 7000 万元都不是自己的，这部分钱的来源可以有很多，有可能是银行的，有可能是员工的，有可能是客户的，甚至有可能是供应商的。所以"拥有的资金保有量 8000 万元""拥有的实际利润资金 8000 万元""拥有的总调动资金 8000 万元"，这几个概念是不同的，就看董事长怎么做出选择。

第三个指标，行业排名。

越来越多的行业，一半的利润是被行业前四名拿到的。作为董事长，不考核行业排名指标肯定是不行的。在大多数行业中，大家记的最深的都是前三名。而在细分的领域当中，只有第一名才可以赚到可观的利润。

第四个指标，行业竞争力。

行业竞争力即产品竞争力，所有的竞争其实最后都是产品的竞争。董事长需要把握全局，也需要对产品进行把控，看是否需要去掉旧产品，研制新产品。

对待董事长，我们公司做了上面这四个指标。这是我们公司对董事长进行考核的公司指标和岗位指标，其实我们还有一个特岗指标，就是我们今年要引入新股东，引进 PE（私募股权投资）和准备上市，都和董事长有关系，算是董事长的特别指标。

董事长考核指标出来以后，按照流程应该是股东会对董事长进行考核。但很多民营企业没有股东会，股东就是老板和老板娘，在这种情况下，一般董事长委托企业总部的财务中心做一个评分就行了。因为财务人员代表董事会和其他股东及财务中心的接触很多，老板写一份授权书就可以了。

CEO 绩效考核表制作

在一个企业中，CEO 主要有三种功能：

第一种功能是民营企业经常使用的功能，叫营销型总经理，即主管营销的最高行政长官。

第二种功能的 CEO 相当于 0.3 个董事长、0.7 个总裁，这种是偏战略性的 CEO。

第三种功能的 CEO 是集团型的综合性 CEO。这样的 CEO 要对产品、营销、管理，甚至资本非常了解。

一个企业发展的阶段不同，对 CEO 的要求是不同的。一个初等的 CEO，一定要懂营销；中等的 CEO，一定要懂战略；高等的 CEO，一定要懂资本。很多公司的 CEO，都曾经担任过 CFO。

我这里重点介绍第一阶段的初等 CEO。企业要定一个人的考核指标，就要把这个人的个人能力与他的岗位责任进行有机结合。比如一个父亲要对孩子进行考核，父亲对孩子说："你一定要考上清华大学。"但以这个孩子的能力是考不上的。这就叫目标出现了问题，从而导致上对下的考核也出现了问题。虽然企业的野心很大，信心很足，目标已经做了很大，但是在招人的时候基本上招不到这样的人，这时我们就要结合实际情况降低目标。

CEO 的考核指标中第一个是联合指标（即公司指标），第二个是自己岗位的指标，第三个是特岗指标。因为公司性质的不同，特岗指标不一定都要有，像表 5-2 的例子中就没有列出特岗指标。

由表 5-2 可知，这家企业的业绩和利润这两个指标是 CEO 最主

表 5-2 CEO 绩效考核表

	名称	权重	定义	计算方法	数据收集
公司指标	总业绩	20%	要求 4.9 亿元	从 2.9 亿元开始得分，每 1000 万元得 1 分，最高 20 分	财务部
	总利润	20%	要求累计 7000 万元核算利润	从 3000 万元开始得分，每 200 万元得 1 分，最高 20 分	财务部
岗位指标	互联网营销业绩	15%	要求占到总销售额 20%	从 5% 开始，每增加 1% 得 1 分，最高 15 分	财务部
	关键市场扩张	20%	要求新增 20 个市场，其中 10 个市场业绩达标	新增 1 个市场得 0.5 分，20 个市场累计 10 分；每个达标业绩市场得 1 分，累计 20 分	财务部
	人均效率	15%	要求 6 万元 / 人 / 月	3 万元 / 人 / 月开始，按比例得分	财务部
	销售机构利润	10%	要求 2000 万元利润	从 1000 万元开始，每 100 万元得 1 分，最高 10 分	财务部

要的指标，这说明这家公司主要考核利润和业绩的责任人是 CEO。
CEO 和董事长的考核指标中最大的不同就是董事长考核资金量，要
根据公司的战略来决定资金如何使用，而 CEO 不需要考虑这个问题。
CEO 考虑的第一个问题是如何才能把现有的效率提高，第二个问题
是如何根据公司的战略进行扩张。这些指标容易出现的问题有：

首先，总业绩的指标怎么定。很多企业的薪酬是递增式的，比
如增加多少业绩，对应多少分红，而且会随着总量的提高递增。很多
CEO 会想着自己要干多一点，这个战略符合自己的战略，但不一定
符合公司的战略。因为 CEO 干多一点，对公司的资金，对产品，还
有对其他部门的要求，都会相应地提高。

董事会在做董事长、CEO 的考核指标的时候，不是上级一个人
对下级一个人，而是董事会一个团队对高管经营团队。如果不在一起
做，财务人员又不参加，那么一定会走偏。还有一种情况是有些 CEO
觉得反正完成 4.9 亿元的业绩就可以了，多了就不干了。这种情况对
董事会肯定也不好，说明之前定的指标有了偏差，所以考核的指标一
定是企业的目标与个人的能力达到适当的平衡才好。

目前业绩目标的推法，大部分企业以员工个人能力做正推法，小
部分企业是用企业的目标做反推法。也就是说，正推法主要是基于
CEO 的能力，反推法是基于公司的目标，从而达到企业想要的结果。
如果企业想用反推法来制定业绩指标，就一定要根据公司过去的业绩
波动情况来核定，比如我们公司基本上就没什么波动，或波动很小，

那我们的考核要求就可以高一点。如果波动很大，我们的要求就要低一点。对于一个 CEO 来说这 20 分虽然只占总百分比的 20%，但它的确是绩效考核指标中首先要完成的任务。

其次，与总业绩 20% 有关的指标还包括互联网营销业绩、关键市场扩张、人均效率、销售机构利润。销售机构利润是补充总利润的。因为我们要求累计总利润是 7000 万元，而销售公司的利润是 2000 万元，那就说明总部的利润是 5000 万元。从这里我们会发现，这家企业之前几年的总部利润状态一直非常稳定，不会有太大的变化。所以 CEO 如果想按要求完成总利润，那么首先要考虑导致完不成考核的最主要原因是销售公司的利润没达标。

CEO 要想实现考核业绩，一是公司的传统业绩要做好，二是互联网业绩要做好，三是团队里每个人的基础业绩要做好，要提高效率。

CTO 绩效考核表制作

CEO 和 CTO 之间有相似的指标，比如二者的联合指标是完全相同的，但是他们的个人指标是完全不同的，特别是特岗指标一点关系都没有。CTO 这个岗位上的特岗指标主要是专利与著作权数指标，这个特岗指标与利润、营销没有什么直接的关系，甚至有可能还会影响利润。因为想要多申请专利，就要搞研发，就要花钱。

CTO 的绩效考核指标分为三大类：第一大类是 CTO 与其他人共同要完成的任务；第二大类是 CTO 本职岗位应该要做的工作；第三大类是 CTO 今年重点要做的事情。

我认为，在一个企业里面最值得经历和担任一次的岗位就是 CTO，原因很简单，CTO 直接接触的就是产品，他对企业的产品一定最熟悉。企业对外的一级服务是通过产品，二级服务是通过售后，三级服务是通过售后服务。

在 CTO 的联合指标中，总业绩和总利润指标占到了 30%（见表 5-3）。在公司中这两个指标占比最高的是 CEO，再往下是 CTO。所以这虽然是 CTO 的联合指标，但却不是他最核心的工作。

表 5-3　CTO 绩效考核表

	名称	权重	定义	计算方法	数据收集
公司指标	总业绩	10%	要求 4.9 亿元	从 2.9 亿元开始得分，每 1000 万元得 1 分，最高 20 分	财务部
	总利润	20%	要求累计 7000 万元核算利润	从 3000 万元开始得分，每 200 万元得 1 分，最高 20 分	财务部
岗位指标	新产品业绩	20%	要求今年度新投入产品占比 20%	每占 1% 得 1 分，最高 20 分	财务部
	团队的建设	20%	新招募技术工程师 30 人	10 人起步，每增加 1 人得 1 分	人力资源部
	老产品业绩及更新	25%	老产品更新率达到 40%，业绩增长 15%	更新率为 10 分，按比率得分；业绩每增加 1% 得 1 分，最高 15 分	财务部
特岗指标	专利及著作权数	5%	新增专利及著作权 20 个	按比例得分	财务部

CTO 的本职工作中第一个指标是新产品业绩，这个指标其实是一个综合指标，包括了新产品的研发、上市、销售、服务、交付等。所以这个指标考核的其实不是一个人，而是一个团队，但其中最重要的责任落在了 CTO 头上。要想完成这个工作，CTO 要调动很多资源，

既要公司立项，又要找资源，还要联系销售，还得盯着搞研发。因为需要负责的事务过多，所以这个指标比较难完成，在绩效考核中这个指标的起步是零，相当于缓解了一些 CTO 的压力。

下一个指标是团队的建设。一个优秀的 CEO 和一个优秀的 CTO 都有一个特征，就是他们不是做蛋糕的，而是约蛋糕和分蛋糕的。也就是说 CTO 要想实现业绩，就要让大量人帮他完成工作。现在很多工厂型的企业老板喜欢自己搞研发、做模具，但其实这种做法很影响企业发展速度。根据我的经验，如果能招募新技术工程师 30 个人，搞研发就会比较轻松，做出来的产品质量也会高很多。

需要注意的是，考核技术团队的指标和考核营销类团队的指标不同。销售团队在做考核的时候，一定会考核业绩指标。而技术团队没有业绩指标，因为往往需要很多年的研发，技术才能变成效益。而且每个人的水平也不一样，有可能我们招 30 个人，里面有 15 个人都没业绩，这就需要企业多点耐心，不要急于求成，而且也要考虑方式方法，选合适的人做合适的技术研发工作。

优秀的企业不能等客户把自己的产品淘汰，而是要学会主动淘汰自己的产品。目前的互联网企业、电子设备企业的产品更新换代的速度都非常快，比如小米、华为的手机基本过几个月就会出一个更新版本。当顾客这款手机还没有用坏的时候，有更多功能的新手机马上就出来了。再比如长松公司的经典产品——组织系统工具包 4.0，一年一更新肯定不合适，但是八年更新一次肯定不行，虽然八年以后这个技术还可以继续使用，但是肯定不能满足顾客的需要，技术水平也不如其他公司的同款产品，所以要根据行业发展进行自我淘汰和更新。

在考核团队业绩指标时，不但要求新产品有业绩，同时还要求壮大技术团队，老产品的业绩有提高。这 3 个指标都是对总业绩有帮助的，如果做好了，CTO 的总业绩自然也会提高。

需要注意的是，CTO 的绩效考核里面没有交付率的指标，也没有客户满意度、收单率、业绩增长率、项目中新件的数量等指标。为什么没有考核这些指标呢？原因就是一家公司可以提前确定的事情一般是不考核的。就像核算工作，一定是财务每月都要做一次的，所以对其考核是没有意义的。

而增长型的指标才是我们考核的重心。比如新业绩的增长、新团队的迭代、老产品的更新、著作权的增长等都是增长类的指标，这些构成了 CTO 的考核指标。同样，和 CTO 比较相似的企业岗位有研发经理、技术经理、制造总监、产品总监，他们的考核指标都和 CTO 比较接近。

企业也可以把 CTO 的指标和营销部门的指标进行比较对应。比如 CTO 制定一个新产品业绩指标，营销就可以制定一个新市场扩张指标；CTO 制定一个技术团队的培养指标，营销就可以制定一个干部的培养指标；CTO 制定一个新产品的更新指标，营销就可以制定一个互联网营销的增长指标。这样对比着做考核指标，既可以考核本部门的指标，还可以和另一个部门的指标互为对照，大大增加了考核指标的准确性。

COO 绩效考核表制作

COO 的第一个考核指标是总业绩，第二个是总利润，第三个是关键人才猎头，第四个是员工培训，第五个是风险管理，第六个是费用节约（见表 5-4）。我认为其中最重要的是风险管理，如果企业风险管理不好，肯定会增加企业成本。企业经营风险主要有三个：第一大风险是法定代表人被抓；第二大风险是财物被没收；第三大风险是强制停止经营生产。

比如在长松公司，我是法定代表人。如果我被抓了，大家就都树倒猢狲散了。一个企业当中一把手被抓，对这家企业几乎是灭顶之灾。所以我们要求做好风险管理，避免重大的风险事故，特别是保护好公司最重要的人力资源。不单是法定代表人被抓影响很大，几个重要的高管被抓影响也很大。

还有一点，不能让风险影响企业正常的安全生产。有的企业不抓

表5-4　COO绩效考核表

	名称	权重	定义	计算方法	数据收集
公司指标	总业绩	10%	要求4.9亿元	从2.9亿元开始得分，每1000万元得0.5分，最高10分	财务部
	总利润	20%	要求累计7000万元核算利润	从3000万元开始得分，每200万元得1分，最高20分	财务部
岗位指标	关键人才猎头	20%	要求新引进专家10名、技术工程师30人、CFO1名、营销总经理5名	按实现比例得分，最高20分	人力资源部
	员工培训	20%	全年1次学习型春节、2次储备总经理训练营、4次项目复盘会议、6次储备营销干部培训、2次运营培训、2次技术人员训练营	按完成比例得分，最高20分	人力资源部
	风险管理	10%	全年无重大风险事故（允许有纠纷但要求及时解决）	无，10分；有，0分	总裁办
	费用节约	15%	费用收入比较上年度下降10%	每下降1%得1.5分	财务部
特岗指标	无				

环保工作，老板也不对大家进行这方面的考核，又有侥幸心理，如果企业因环保不达标停产一两百天，员工工资要开、房租要交，再加上折旧，那这家企业两三年都白干了。

所以在一个企业中，一定要有一些关键的人员来解决这个问题，而且要对这些关键人员进行考核。考核的目的是把企业正常的经营维持下去，如果企业正常的经营都无法维持，那问题就严重了。

费用节约、风险管理、员工培训和关键人才猎头这四个指标中，可以分为两个进攻，两个防守。第一个防守是风险管理，就是我们全年无重大风险事故。第二个防守是费用节约，企业要想创造业绩和利润，就要降低成本。费用节约和风险管理这两个指标主要是为了避免企业出大事，对利润有帮助。

两个进攻指标都是针对员工的。关键人才猎头是与招聘相关的考核指标，COO 负责招聘人，CEO 和 CTO 负责后续的员工考核就可以了。员工培训这个指标的工作主要是赋能培训，企业培训的目的是让员工的能力得到提升。很多公司培训的方式是师父带徒弟，比如陶瓷工艺、机电设计等工作。而我们公司大多使用的是一种标准化的技术，可以做整体培训，所以我们有储备总经理复盘会议、营销干部培训、客服服务培训、运营培训、技术培训等各种培训方式。

除了表 5-4 中列出的绩效考核指标外，我们公司的 COO 还有一些指标没有写上，比如为了分担其他部门的压力，我们公司的 COO 还承接了一些项目管理的工作。所以每个公司在做考核指标的过程中，也可以根据自己的实际情况对 COO 考核指标进行制定和选择。

财务负责人绩效考核表制作

财务根据本身情况，主要分为四个层级：

第一级的是处于基层的会计，做的是基本财务会计工作，如做账、缴税、核算成本等。

第二级是财务管理，主要职能有以下几个方面：第一，财务要把资金进行有效的利用；第二，对资产进行核算；第三，对财务团队进行管理。到达第二级的时候，财务管理有一个非常重要的属性，就是要管理团队，并和其他部门的人有部分工作的对接。比如要负责对营销人员、生产人员的报账及核算成本，管理物流人员的物流成本等。

第三级是高级财务。这个级别的财务主要的工作是帮助企业把钱更加灵活自如地用好，也就是懂得运用算法。算法包含了经营算法、业绩算法、财务算法等，预算本身也是算法的一种。一个优秀的财务部经理要做好的第一件事情就是算出企业总共有多少钱，怎样才能把财富增值做到最大化。如果公司的财务能够根据公司的有效资产，让公司的利润周转率反复做到最大，说明这家公司的财务已经到了高级财务的级别。

第四级是金融财务。金融财务的要求比高级财务的要求更多，不但拥有算法思维，还要拥有金融思维。

我们在对财务人员考核的过程中，需要提前做一下十年规划。比如我们今年开始对财务做考核，对十年以后的规划是希望公司的财务能够成为一个具有资本价值和算法价值的财务，那我们就要把这个目标用倒推法推回到十年前的现在。如果我们希望公司第十年能够上市，财务就要从现在开始兼顾董事长秘书的角色。再倒推五年，财务要帮助公司做合规、融资、股改，这样逐步倒推到今年。

考核财务不能用传统的考核办法。尤其是考核财务部经理，不能让他今年干这几件事，明年还干这几件事，后年还干这几件事，那就等于这个财务经理一直没有进步。

如果我们把公司的财务十年目标倒推完成，就会知道今年公司是否需要招人。比如一个财务人员从去年开始接触审计的工作，这个岗位就叫审计岗位，为什么以前没有审计岗位呢？因为公司在发展，原来不需要，但未来需要。两年后我们可能还会有新的独立审计师、董事长秘书、CFO……因为公司逐步在发展，不管是人力资源还是财务，都会先考核一部分指标，等这方面做好了，再进行考核的升级，而不是每年就只考核几个一样的指标。

　　财务负责人的考核指标中公司的总业绩和总利润指标占了20%
（见表5–5），说明财务对利润是有影响的，但不是主要影响。财务部
的主要指标有税务筹划、财务团队、预算管理、财务信息与分析、信
息化。财务岗位是从第一档到第二档逐步过渡的，看一个公司的财务
考核什么，就知道这家公司的团队能力在哪里、年薪是多少、工资是
怎么发的……

表5–5　财务负责人绩效考核表

	名称	权重	定义	计算方法	数据收集
公司指标	总业绩	10%	要求 4.9 亿元销售额	从 2.9 亿元开始得分，每 1000 万元得 0.5 分，最高 10 分	财务部
	总利润	10%	要求累计 7000 万元核算利润	从 3000 万元开始得分，每 200 万元得 1 分，最高 20 分	财务部
岗位指标	税务筹划	10%	要求筹划后较上一年度税务成本下降 5%	每降低 0.5% 得 1 分，最高 10 分	财务部
	财务团队	20%	要求全国共 60 名财务人员	按照编制达标率得分	人力资源部
	预算管理	10%	推行预算管理，要求预算误差率在 5% 以内	误差率每超出 0.5% 扣 1 分	总裁办
	财务信息与分析	30%	每月 10 日前出具各小组织及总部核算利润报表，每双月 10 日前形成经营分析报告，每季度 10 日前提出成本优化报告	全年每一个机构延迟、每延迟一天扣 1 分，扣完为止	总裁办
	信息化	10%	推行新的信息化软件，本年度完成上线运行工作	上线，全部运行得 10 分；运行率在 50%～80% 得 5 分；运行率在 50% 以下得 0 分	总裁办

我见过一家上市公司高级财务的绩效考核表，他的考核指标有与某 PE 达成 6 亿美元的金融融资、对公司的市值做出管理、评估出第三方的报告、对本公司 300 多名技术人员进行改股、做企业的信息化管理等。这家公司的考核指标不适合我们公司，因为两家公司的发展阶段不同。财务指标不像营销指标那么好处理，因为营销指标只有数量的大小，有的公司一年销售额 50 亿元，有的公司一年销售额 5000 万元，清晰明了。

目前，有一部分企业连一个月的利润是多少都算不出来，有多少库存、有多少原料自己也不知道。甚至有的公司的财务部主管都不会做公司的资产负债表。所以，企业不要想着一步到位，而是应该根据企业目前的情况制定合适的财务考核指标。

第一个指标，税务筹划。

税务筹划很简单，就是利用各种政策合法进行税金节约。这是国家鼓励的，甚至有很多地方税务局还会给公司做相关的培训。

还有就是做国家鼓励提倡的项目或产品。比如有些项目国家是有补贴、有奖励、有退税的。前一段时间有一个企业老板来找我说："贾老师，下一步我该怎么发展？"我说："送你四个字，为国办事。"

税务筹划中还要注意一点，就是税收分类，包括劳务费的优化、专利费的优化、稿费的优化等。此外，还可以利用区域税收政策来帮助企业降低税负，比如北京基本上没有什么税收优惠，但天津就会有，还有一些偏远地区会有奖励。

有的财务部经理从来没有向老板提过如何做税务筹划，也没有给过相应的建议，这对企业是不利的。国家每年的税务政策都不一样，需要财务部门去学习和适应。所以税务筹划这个指标可以规定一下，比如一个年度税负要降低 5%，每降低 0.5% 得 1 分，最高可以得 10 分。以此鼓励财务人员研究各种政策，降低成本。

第二个指标，财务团队。

财务团队一般是标配的，就是有多少工作量，配多少财务人员。我预测未来财务人员失业率会变得非常高。特别是没有工作经验的财务人员一旦失业，找工作会很难。财务团队的建设在未来会越来越少，而外包的机制会越来越多。出现这种情况的主要原因是中国的税务体系和财务体系在发生重大的变化，在未来可能会是专门的会计师事务所帮助企业做财务的现象越来越普遍。

第三个指标，预算管理。

预算是提高效率的三大手段之一。一个企业要想提高效率，首先要对事情的重要性做排序，其次是做好流程，最后是做好预算，这是企业提高管理效率的三个重要手段。

对于重要性的排序很好理解，比如先学英语还是先看电视就是重要性排序，也就是你一天应该最先做的是什么事情。流程就是应该先做什么，后做什么，要安排清楚。预算分为两种：一种是对钱的预算，一种是对物的预算。强调预算就是指我们花钱要精确，不要浪费。而且企业全面推行预算以后，误差率就会降低。

如果你的企业没有了利润，你又无法改变你的销售价格和总市场额的时候，你就只能去做精细化管理。目前，很多公司的预算管理是不及格的。很多公司做是做了，但是都很形式化，大家都没有用心去抠成本。当我们的业绩已经保持平衡的时候，就要挤利润。现在很多企业花钱还是比较随意，感觉自己不缺钱，但是等有一天到了月底没钱发工资的时候，就知道现金有多么重要了。

第四个指标，财务信息与分析。

在财务管理当中，可能比较重要的基础工作就是财务信息整理与分析。但是很多企业没有财务信息。为什么需要财务信息？比如我们公司每个季度开两次会议，一次是关于公司资源的经营分析会议，一次是关于公司机制的复盘会议。我每个季度都会思考公司的机制问题，比如我思考营销机制，就会向财务要很多关于营销的数据。有的企业财务数据公布完以后，都没有人复盘，那肯定就不知道执行的效果怎么样。并且我们通过财务的数据才会知道市场怎么样、产品怎么样、经营怎么样、利润怎么样。这些都是需要财务做出来的，所以从权重上看，财务信息的指标非常高。

第五个指标，信息化。

信息化主要通过软件来解决，想买到合适的软件也不容易。软件买的贵，人的思想就容易僵化，被软件绑架；软件买的便宜，根本不起作用，员工也不习惯。

总之，我们对财务这方面的考核有三个重要的要求：

第一，每年对财务的考核都要进行升级。

第二，一定要和利润挂钩。

第三，财务背后所有的逻辑，都要考察一个非常重要的指标——资本回报率。

考察财务的所有逻辑都是为了提高资本的回报率，因为优秀的财务只要把资本回报率这个指标的效果做好，就可以达到我们想要的目标。按照这个要求，公司把财务考核表做完，就可以将这些考核指标分解给每个财务人员，让他们分别负责预算、团队、筹划、信息管理、核算、报税等工作。

人力资源负责人绩效考核表制作

人力资源管理和财务管理同样都是需要不断上升和成长的。但这个岗位和营销的岗位是不一样的，营销工作每天都在变化，营销人员浸泡在营销变化的环境下，不自觉地就进步了。而人力资源管理工作不一样，如果这家企业的人力资源管理的水平比较低，那么人力资源管理人员就很难有什么进步。所以作为一个人力资源管理者，自己需要有一个规划，不能完全指望公司。

以我们公司的人力资源管理为例，主要分为四级：

第一级，劳务管理。主要工作是招聘、拟合同、办理保险。

第二级，人力资源管理。主要工作是培训管理、猎头管理、薪酬管理和考核管理。

第三级，状态管理，也叫效率管理。主要工作是促进企业业绩增长和人力资源管理效率的提升。

第四级，行为管理。主要工作是帮助企业树立正确的价值观和使命感，进而影响员工，使其为了共同的目标努力奋斗。

一家处于人力资源管理第四级的企业绩效考核指标，主要包括总业绩、总利润、关键人才猎头、组织系统导入、人才编制满足、员工培训（见表5-6）。如果把关系管理去掉，改成人力资源人均利润效率的提升，就属于人力资源管理的第三级。因为不同级别的考核指标不同，最终考核的成绩就会不同。

表5-6　人力资源负责人绩效考核表

	名称	权重	定义	计算方法	数据收集
公司指标	总业绩	10%	要求4.9亿元销售额	从2.9亿元开始得分，每1000万元得0.5分，最高10分	财务部
	总利润	10%	要求累计7000万元核算利润	从3000万元开始得分，每200万元得0.5分，最高20分	财务部
岗位指标	关键人才猎头	20%	协助COO，完成新引进专家10名、技术工程师30人、CFO1名、营销总经理5名	按实现比例得分，最高20分	人力资源部
	组织系统导入	30%	共分为5个阶段：调研评估、方案制作、方案培训、方案测试、正式运行	每完成一个阶段工作，得6分	总裁办
	人才编制满足	20%	按照组织架构编制要求保障用人部门编制达标	按编制实现率得分，最高20分	人力资源部
	员工培训	10%	合法用工，全年无重大劳资纠纷	有，0分；无，10分	人力资源部

下面我们重点介绍一下关键人才猎头这个指标。对关键人才的猎头方式有三种：第一，找别人帮我们；第二，联合别人；第三，自己做。猎头的指标是人力资源负责人协助 COO 完成的，需要对新进的专家、工程师、CFO、营销总经理等这些具体指标进行量化。这些具体指标不是一成不变的，有可能到了第二年就会制定新的指标。

想要猎头一个人才，总共分三个阶段：第一个阶段是找到人才，第二个阶段是与人才谈合作，第三个阶段是对人才做培训，让人才可以顺利入岗。其中人力资源负责人除了第一阶段找人是百分之百负责外，其他两个阶段的占比都不是特别多，第二阶段谈合作占比 25%左右，第三阶段协助培训占比 25% 左右。

人力资源负责人找到人才以后，还需要听取高层管理者的意见，才能确认人才是否能够入职。只有当人力资源管理发展到第四级——行为管理阶段的时候，才有权自己决定这些人用不用。

在一些大型企业做干部的任免和调动时，都必须经过人力资源负责人的同意。因为这些企业的人力资源管理已经形成了一套完整的测评体系，包括胜任力模型考核体系、文化体系、情景模拟等，都非常成熟。所以人力资源负责人通过人才测评，发现其不符合企业要求，有权拒绝其入职。

所以，企业越重视人力资源负责人猎头工作的重要性，说明这家企业的发展阶段越高，人才测评体系也越完善。比如我们长松公司就建立了一套胜任力模型，关键岗位都可以根据这套模型进行测评。根据这些考核，人力资源负责人就可以把更多的精力放在公司战略上，而不是引进人才上。

此外，企业还要做一套基于数据的晋升体系，而且最好每个部门都能建立起来，根据部门类型和重要程度，可以分时间分阶段进行。等到以数据为标准的晋升体系形成后，不仅可以决定是否录用某人，还可以对关键人才的晋升培养发挥更大的作用，对于企业管理体系的完善也有着十分重要的促进作用。

如前文所述，师父带徒弟的培训方式只适合于部分行业。对于大多数企业来说，真正能发挥作用的是建立一套标准化的培训体系。我去参观过京东方，给我带来了很大的震撼。它的企业大学体系能够有效帮助企业培训员工，使员工可以尽快投入到产品生产中去。

我可以毫不客气地说，没有组织系统的企业只能靠人管人，一定做不大。企业要想做大，必须导入一套合理的组织系统。在企业的组织系统建设过程中，一定要注意不能急于求成，要对系统导入有充分的认识和思想准备。

一家企业从开始导入组织系统，到对组织系统有一定的了解、导入得比较顺利，一般需要至少五年的时间。所以当有些老板问我"企业如果今年导入组织系统，到年底能挣多少钱"时，我都要和他们认真解释一遍，很少有企业可以在第一年导入组织系统后马上挣钱，往往前几年因为导入有偏差还会亏钱，有极大可能第一年导入后，老板会发现现在公司里的人都不符合要求。如果想改变他们，只有两种办法：一种是让他们成长；另一种是换掉他们。但是如果换掉现在这些人，新来的人可能又会有新的问题。所以一般情况下，公司的首选都是促进员工内部成长。

组织系统导入工作很不好做，因为员工已经习惯了原来的工作方式，待在舒适区里不愿意出来，一时之间很难转变思想，就会造成企业的改革进行不下去，组织系统的导入就会变得缓慢。所以组织系统导入根本不是老板想象中的一导入就马上能产生回报，而是需要人力资源负责人找到合适的导入方法，帮助员工逐步适应新的工作方式。

销售公司总经理的绩效考核表制作

老板想赚钱，有一个绝招，就是培养出更多的小老板，而不是打工仔。企业在进行招聘时，不要只谈工资，而是要和他谈独立核算、分红，让他觉得虽然工资一般，但是如果努力工作，那么分红还是很可观的。按照这样的思路培养员工，不出两年，就会让这个员工形成老板的思维。

企业要通过一种机制，让进来的大部分新人，特别是某些项目和公司的负责人，产生老板的思维。也就是认为创造利润是为我自己，不是为老板。这种逻辑在海尔集团叫"人单合一"，在小米公司叫"小米生态链"，在美的、苹果等公司就叫"事业部"。

表5-7是针对销售公司总经理的绩效考核表，他的指标主要与业绩分红有关。销售公司总经理的工资结构里面大部分的收入来源于效益工资，也就是干得多，挣得就多。这个岗位的收入包含两大部分：

表5-7 A级销售公司总经理绩效考核表

指标名称	权重	定义	计算方法	数据收集
业绩	20%	要求全年实现2000万元业绩	从1000万元开始得分，每50万元得1分，最高20分	财务部
利润	20%	要求全年实现200万元利润	从100万元开始得分，每5万元得1分，最高20分	财务部
人均效率	15%	要求6万元/人/月	3万元/人/月开始，按比例得分	财务部
干部团队	20%	要求3个总监、9个经理、1名销售专家	每满足1人得2分	人力资源部
拓客成本	15%	要求在6000元/客户以内	每超出50元扣1分，扣完为止	财务部
扩张市场	10%	要求扩张1个新市场，且业绩达标	扩张且业绩达标10分；扩张但业绩未达标5分；未扩张0分	财务部

第一大部分是与业绩有关的提成，第二大部分是与利润有关的提成。

把业绩做好，肯定是对企业老板有好处的。因为销售公司的业绩越高，向总部交的钱越多。所以对待销售公司总经理这个岗位的薪酬结构，要独立进行测算的。

在销售公司总经理的考核表中，主要有业绩、利润、人均效率、干部团队、拓客成本和扩张市场等指标。这几个指标中，人均效率、团队干部数和业绩有关；拓客成本、扩张市场和利润有关系。

虽然这几个指标和前面其他部门的指标有部分重合，但是指标之间的相互关联、努力的维度都不一样。比如扩张市场是需要足够多的客户，还是需要足够多的干部？这和之前有些部门的扩张市场指标是两个概念。如果利润是固定的，我们产生了销售，要给别人交多少钱，留下多少钱，基本上也都是固定的。想得到更多的利润，就只能在某些领域中增大空间，于是就会考察拓客成本；要想挣更多的分红，就要从一个公司扩张到两个公司，从两个公司扩张到三个公司，最好还要有配套的干部。

所以，销售公司总经理与总部高管的努力方向是不同的。销售公司总经理不需要考核总部的指标，只需要考核一个小组织的独立核算指标。事业部总经理和销售公司总经理岗位有一个共同的特征，就是他们只需要把自己的小组织做好，不需要管别人。

销售公司总经理第一个指标是业绩。其实我并不希望考核业绩，未来我更希望考核业绩完成的增长量。即规定 A 级公司每月的业绩任务是 100 万元，B 级公司每月的业绩任务是 60 万元，C 级公司每月的业绩任务是 30 万元，考核的是完成这些基本任务之后超出的部分。

第二个指标是利润，主要考察目标完成以后的增长量。因为一个分公司正常情况下创造多少利润、业绩是多少都是可控的，所以更需要考核的是基本利润之外超出的指标增长情况。

第三个指标是人均效率。优化人均效率的目的就是希望大家不要只守着这个基础业绩，都能拼起来。

关于业绩的指标，我们不会从零开始进行考核，肯定会有一个起步，比如从 1000 万元开始，每 50 万元得 1 分，然后除以 12 个月，就是每个月的任务。

销售公司总经理做业绩是一把好手，但他不一定能赚到钱。比如在我们长松公司下属的二十多个核算公司里面，有的公司业绩不怎么高，但却创造了很高的利润；也有的公司业绩非常高，但却没赚到什么钱，利润很低。这些问题都源于内控，就是利润低的公司在内部的管理上出现了问题。所以我们要考察的第二个指标就是利润指标。2000 万元的业绩，实现 200 万元的毛利润，税前利润就是 10%。我们从 100 万元开始，每 5 万元得 1 分，最高到 20 分。这个指标依然是从财务部的数据中得出的。销售公司的考核可以按月考核，也可以按季度考核。

说回到人均效率这个指标，目前差别很大。一个企业当中，人均每个月产生的业绩指标，对企业总业绩的影响是非常大的。企业与企业的差别也在于此，就像苹果公司每个人每月的平均业绩是 190 多万美元，而我们长松公司每个人每月的平均业绩才 6 万元。甚至有的分公司 15 个人才做出 20 万元的业绩，人均只有 1 万多元，算下来肯定是不赚钱的。

虽然人均效率的指标差别很大，但还是要考核这个指标，主要就是因为这个指标可以考核出销售公司总经理适合哪些指标。

根据我的观察和分析，销售公司总经理有三种：

第一种，带几个助理可以，但是带高级干部不行，这种人特别适合在一个固定的区域，做出固定的业绩。

第二种，特别适合防守，交给他一个成熟市场他一定能做好，但是让他到一个新市场里面就不行了。

第三种，是扩张型总经理，让他守着一个旧市场他会没动力，但是让他做一个陌生市场他就充满了干劲。

所以有的人适合做特殊总经理，有的人适合老地方，有的人适合新地方。如果不知道谁适合做什么怎么办？那我们就要求企业培养出总监、经理和销售专家，从中筛选合适的人去合适的岗位上。

扩张市场和干部团队这两个指标的考核，本质上都是为了扩张新市场。但是有的企业还不适合用这种办法，我们二十多家公司的总经理中，喜欢做市场扩张的只有四个。于是我们就出台一个政策，让喜欢扩张的人单独去做，只有销售公司总经理需要考核这个指标。

销售公司总经理的考核指标大部分都和业绩有关，所以日常专注做业绩就行了。如果业绩高，还能做市场扩张，就算是一个合格的销售公司总经理。

事业部总经理的绩效考核表制作

事业部就相当于一个 SBU（战略业务单元），是一个独立的项目部。事业部的指标包含了业绩、利润、新产品、产品竞争力、技术团队、流量增加等。事业部的考核分为业绩型和创业型。事业部经理和销售公司的经理一样，都可以独立进行核算和考核。事业部各考核指标的权重相对比较平均。

事业部总经理主要有两种考核方法：

一种是在主流产品上延展和验证。比如我们可以深化改善组织系统，前端可以有软件、光盘、图书、视频、内训，有培训公开课，有大客户；后端可以有咨询，有工具包，可以不断深挖产品。

另一种是补充事业部。比如一家店是卖西装的，就可以建一个事业部去卖领带。因为买西装的人，会有一定的概率买领带。我们还可以卖毛衣，因为冬天不能一直穿西装。卖了毛衣还可以卖皮鞋和公文包，因为穿西装的人一般要配皮鞋和公文包。

美国有一家原来做西装的公司，后来去做了办公家具。这家公司在给一个顾客试西装的过程中，发现职场人士随着年龄的增加，对于办公家具的要求也发生了变化，就尝试根据不同年龄的需求，做了适合不同年龄职场人士的椅子。之后又陆续开发了几款沙发和桌子。做着做着，除了原有的西装公司外，还做成功了一个家具公司。

上面的两个例子中，第一个是上下游的扩张，第二个是并列式的扩张。作为有多个项目部的企业，决定其命运的有两类人：第一类是这个项目部的专家团队组成人员；第二类是这个项目部的操盘手。

考核项目部总经理的第一个指标就是业绩（见表5-8），要求全

表5-8　A事业部总经理绩效考核表

指标名称	权重	定义	计算方法	数据收集
业绩	20%	要求全年实现5000万元业绩	从3000万元开始得分，每100万元得1分，最高20分	财务部
利润	20%	要求全年实现800万元利润	从500万元开始得分，每15万元得1分，最高20分	财务部
新产品	20%	推出1个新产品，实现至少1000万元业绩	推出新产品为10分，实现业绩1000万元为10分，按比例得分	财务部
产品竞争力	10%	为行业优秀产品，竞争力位居行业前三	前3名为10分，前5名为5分，5名以下0分	市场部
技术团队	20%	新引进工程师5人	每引进成功1人得4分	人力资源部
流量增加	10%	通过推出引流产品等方式，事业部增加新用户1000名		客服部

年的业绩实现的总量从 3000 万元起步，每 100 万元得 1 分，最高 20 分。和它对应的指标是新产品业绩，推出一个新产品实现 1000 万元的销售额，与总的业绩指标也是有关系的。如果实现了 5000 万元的业绩指标，那么里面肯定包含有新产品实现的 1000 万元销售额。

第二个考核指标是利润，也就是说企业要有流水和利润空间，主要与新产品的研发有关。现在社会发展很快，像我们这种教育型的公司，过十年以后的作用将会越来越大，进入智能教育阶段。对任何一个问题的答案，人们可以随时进行头脑风暴，然后形成一套识别系统。到了那个时候，谁还会去大课堂里面听课？大家知识的获取变得越来越方便，并且这个过程是不会逆转的，一定会往前走。

关于推出新产品这个指标，考核的时候有一定的技术含量和难度。在产品研发过程中，研发流程的体系建设和研发经费的投入对很多企业的影响是非常大的，所以对这个指标要更加谨慎。我到过很多企业，这些企业的新产品研发，从某种意义上来讲只能叫会做一个产品，并不能算是真正的推出新产品。所以对于这个指标，我们可以改成创新或者微创新，而不是必须制造出新产品。

产品竞争力的指标主要是指我们的优秀产品。所以企业需要把产品变得更加优秀，提高它的产品竞争力。这个指标和技术团队指标相关，与工程师、招聘猎头、公司的规划都有关系。

最后，还有一个有关流量增加的考核指标。即通过推出引流产品的方式，让事业部增加新客户。事业部是销售流量的直接策划者和间接营销人。其中，直接策划者就是我们要考核的人或团队。直接策划者的意思是所有的相关材料都应该由事业部去策划。有很多人问："老师你为什么不卖我的东西？"我想说你连文案都没有，我怎么卖？有很多OPP老师的简介都写得很烂，怎么可能卖好产品？所以流量的增加不仅和销售公司有关，也和这个人本身有关。第一个也是最重要的问题，就是策划的能力，策划的卖点是否到位。第二个问题就是运营，要想办法把策划好的产品卖掉。第三个问题才是销售。

本章讲了几个重要岗位的绩效考核表应该如何制作，它们主要是针对中高管的考核，考核指标相对比较复杂。而采购经理、产品经理、销售经理、招聘主管等级别的管理者，他们的指标比这些指标要简单一些。这些管理者的考核指标的第一个特征是变化比较快，可能今年的考核和明年的考核差别很大。第二个特征是他们的考核指标与薪酬结构的量化挂钩比较难，有些岗位的薪酬固定工资偏高，绩效工资偏低，对他们总薪酬的影响较小，辞职的风险会比高层管理者大很多。第三个特征是在当下的民营企业中，大多数企业还不能做到专人专岗，可能会要求一岗多能，而且临时性突发事件比较多，如何把解决突发事件与考核指标挂钩也是一个比较难处理的问题。

通常刚开始做考核的时候，考核文化和效益工资文化还没有完全建立起来，很多人的内心还不太能接受，如何让他们接受也是一个很重要的问题。我的经验是要反复和他们做绩效面谈，当企业开始做考核的时候，可能由于考核的经验不丰富，或者方法不当，导致考核表不精确，做出的考核结果也不能让人满意。但这些都没有关系，只要我们去反复面谈，从工作中发现问题并及时解决，就能越做越好。我们的目标只有一个，就是让我们的员工，做出超出我们想象的工作，产生更高的价值。

6

第六章

目标责任书：
把绩效考核落实到纸面上

目标责任书是绩效考核的重要表现形式

当企业的绩效考核表制定完以后，接下来非常重要的工作就是开始进行考核实施。

绩效面谈的时候往往会有两张表：一张是绩效考核表，另一张是绩效评估表。绩效评估表主要用来评价员工的工作表现。绩效考核表一般用于主管及主管以上岗位，或是技术性岗位的人员。普通员工一般不用考核表，一个部门用一个总的看板或一张卡，需要把工作进程和有考核要求的指标提炼出来。每个岗位的流程是什么，应该怎么得分，都会写到一个看板上，最后汇总到评估表，我们把这个叫目标责任书。

企业每年有一件非常重要的事情，就是和员工签订目标责任书。目标责任书签订的时间一般是每年的 12 月中旬。签完目标责任书，再把目标责任书里的指标分配到各个季度或各个月度。

　　以我们长松公司为例，我们公司的组织架构是这样的：首先是董事长，下面是CEO、CTO和COO。我本人作为董事长，主要管战略，把握企业的总体发展方向。CEO主要管营销，像我们的副总裁每天的工作就是跑市场。CTO是管技术的，所以我们长松公司招聘辅导师、培训辅导师、做辅导交付，还有产品研发都是CTO的工作。COO目前管理两个事业部：一个是财务部，一个是阿米巴事业部，同时还监管公司的运营和行政，所以我们公司的运营负责人、行政、人力资源、审批、审计以及对外关系等部门都是由COO负责管理。

　　我会把全年度的目标分解给CEO、CTO、COO，并和他们开一个目标经营分析会议，分别签订目标责任书。我作为董事长也是需要考核的，主要是由股东对我进行考核。通常企业的股东可以委托财务收集数据进行考核。2019年，我们公司把几个关键人才的绩效考核表全部写到了一张表上，统一做的考核，效果也还不错。但是我建议大家在刚开始做绩效考核时，由于操作不熟练，最好还是分开考核。

2020年工作目标责任协议书（高管合并版）

甲方：××公司

乙方：（罗列各高管姓名）

为加强公司人力资源管理，提高公司高管人员积极性，明确甲乙双方劳动关系，经甲乙双方友好协商，特签订本目标责任协议书。

一、岗位和时间

本目标责任书为甲方与甲方核心高管（即乙方）所签订的目标责任书。

考核时间：2020年1月1日至2021年12月31日。

考核结束后，双方根据实际情况，签订下年度目标责任协议书。

二、乙方的指标和职责

1.公司指标（此指标为全年指标）：

A.业绩目标：全年5.5亿元；

B.利润目标：全年利润目标8300万元；

C.资金保有量目标：全年资金保有量8000万元。

2.乙方人员职责与指标：

A.××——CEO，负责公司市场开拓、营销模式升级和新模式开
发、营销团队打造；

B.××——CTO，负责公司产品规划、项目交付、技术团队引进
与培养、新产品研发、专家团队引进；

C.××——COO，负责公司运营管理、风险管理、专家引进、人
力资源管理、财务审批。

三、乙方的绩效考核

1.CEO；

姓名：			岗位：CEO		
	指标	权重	要求	评分等级	得分
1	联合指标 40%	总业绩 20%	所有到达公司账号上现金业绩 5.5 亿元	从 2.5 亿元开始计算，每 1500 万元得 1 分	
2		总利润 20%	公司核算利润 8300 万元	从 3500 万元开始计算，按比例得分	
3	个人指标 60%	销售机构利润 20%	合计利润 2000 万元	从 1000 万元开始计算，每 100 万元得 1 分	
4		代理商业绩 10%	年度业绩 4000 万元	从 2000 万元开始计算，每 200 万元得 1 分	
5		分子公司数量 10%	新开 10 家分子公司，达到月度业绩 30 万元 / 月	达标分子公司，每 1 家得 1 分	
6		互联网业绩 10%	占总业绩 20%	每占 2% 得 1 分	
7		解决方案营销业绩 10%	占总业绩 20%	每占 2% 得 1 分	

2.CTO；

姓名：			岗位：CTO		
	指标	权重	要求	评分等级	得分
1	联合指标 30%	总业绩 10%	所有到达公司账号上现金业绩 5.5 亿元	从 2.5 亿元开始计算，按比例得分	
2		总利润 20%	公司核算利润 8300 万元	从 3500 万元开始计算，按比例得分	
3	个人指标 70%	新产品 25%	新产品业绩 1 亿元	从 0 开始计算，按比例得分	
4		技术团队 15%	新引进工程师 20 人	从 5 人开始，每 1 人得 1 分	
5		现有主管项目业绩和利润 25%	现有项目业绩 2.5 亿元，项目利润率在 25% 以上	业绩为 10 分，从 2 亿元开始计算，每 500 万元得 1 分；项目利润率为 15 分，每少 1% 扣 1 分	
6		引流产品 5%	新出 2 个引流产品	每出 1 个产品 2.5 分	

3.COO；

	指标		权重	要求	评分等级	得分
1	联合指标 30%	总业绩	10%	所有到达公司账号上现金业绩 5.5 亿元	从 2.5 亿元开始计算，按比例得分	
2		总利润	20%	公司核算利润 8300 万元	从 3500 万元开始计算，按比例得分	
3	个人指标 70%	人才招募	20%	新增 10 名销售专家、20 名技术工程师	从 10 人开始计算，每 1 人得 1 分	
4		主管项目业绩	30%	累计 1 亿元业绩	从 3000 万元开始计算，按比例得分	
5		人均效率	10%	人均效率提升 20%	每提升 2% 得 1 分	
6		风险管理	10%	全年无重大法律纠纷事件	出现 1 单扣 5 分	

（表头：姓名：　岗位：COO）

4.董事长的绩效考核得分为 CEO、CTO、COO 的考核平均分；

5.考核成绩与奖金系数对应表。

考核分数	绩效工资系数（K）
95 分以上	1.2
90 - 94	1.0
85 - 89	0.9
80 - 84	0.8
75 - 79	0.7
70 - 74	0.6
65 - 69	0.5
60 - 64	0.4
60 分以下	0

注：考核奖金总额 = 考核奖金基数 ×K。

四、乙方考核与薪酬挂钩

1. 乙方的考核为整体周期考核，再分解为季度或双月度考核；

2. 考核得分与 40% 的薪酬（包含绩效工资、分红）挂钩。

五、乙方义务

1. 乙方必须保守甲方的商业信息，如有泄露商业信息要追究乙方的法律责任；

2. 乙方在工作期间，不得利用职权进行违规作业；

3. 乙方若工作非常突出，贡献较大，甲方可适当对乙方进行额外嘉奖；

4. 若乙方在不满服务期主动离开公司，则取消服务期满后的绩效奖励资格；若乙方在不满服务期被动离开公司，则按服务的期限考核兑现。

六、电网指标

1. 公物私用；

2. 不按标准用人；

3. 回扣；

4. 非公司行为行贿；

5. 泄露机密；

6. 公款私用；

7. 报假账；

8. 旷工；

9.煽动传播虚假消息；

10.利用信息获得私人利益；

11.销毁证据；

12.虚假预算获得物质开支；

13.违反品行指标；

14.利用职务之便制造假数据获得利益；

15.违法；

16.接私单。

乙方触及电网指标，甲方有权对乙方进行停职、降职、降薪、换岗、调离或解约。

七、其他

1.本责任书一式二份，甲乙双方各执一份。

2.如果中间有变化，经双方友好协商进行调整。

3.如岗位变更，工资也随之变化。

4.未尽事宜双方协商确定。

甲方：　　　　　　　　乙方：（签字盖章）

年　月　日　　　　　年　月　日

重视现金量指标

一般来讲，目标责任书中重要的一项是确定指标，即今年要共同完成什么样的指标。就像上面的例子里，我们签订了三个重要的指标：第一个指标是业绩目标要达到 5.5 亿元；第二个指标是利润目标要达到 8300 万元；第三个指标是资金保有量要达到 8000 万元。其中，最需要老板关注也最容易被老板忽略的是资金保有量的指标，也可以叫现金量指标。

很多企业老板在考核过程中，都会重点关注利润、业绩和增长率，往往会忽略一个重要的指标，就是现金量。有很多企业的老板都有几十个亿的身价，但是他们还不满足，一心只想扩大，不断做投资，买地建工厂，然而工厂并没有增值。于是就导致企业规划出现问题，发现现金不够，就去做抵押贷款，最后发现可贷的款已经全部都贷完了，现金还是不够，于是又去民间借贷。最后，加上银行贷款和固定资产开支，需要的现金越来越多。原来还可以维持现状，现在肯定维持不住了，于是公司老板就开始跑路。这是典型的在目标规划上出了问题，所以现金量指标一定要重视起来。

战略目标要清晰

　　还有的企业老板战略目标定得不清晰。比如有一个老板是开西餐厅的，他开第一家西餐厅的时候业绩特别好，一年就有 500 万元的利润。过了一年多以后，这个老板给我打电话说："贾老师，想加盟我的店的人很多，我应该怎么办？"我说："你想加盟多少家店？"他说："我想吸收加盟四十多家店。"我说："你千万不要这么做。我们算一下，一家西餐厅一年可以挣 500 万元，如果你想现在就开加盟店，开五六家就是极限了。如果你短时间内开四十多家店，不仅管理起来费劲，而且还有可能分散你投入主店的精力，导致你的主店利润下滑。所以，你现在应该稳住第一家店的利润，之后先尝试着开五六家店，积累经验之后再开更多的店，心里也有底气一些。"大多数老板都想用最大化的精力，做最大化的利润，赚最大化的钱。但是很多时候都不能如愿，不仅辛苦，而且要冒很大的风险，实在是不划算。

　　战略目标其实也显示出了企业家的情怀和理想。根据我的分析，企业家大致可以分为三种类型。第一种类型是为国办事，具有崇高使命和理想的企业家。第二种是纯粹的商人，特征就是他建立一个很大的平台，有一个优良的品牌，为社会做了贡献，制造出了有价值的产品。第三种是小生意人。企业家要做哪一种，也在一定程度上影响了企业战略目标的制定和实施。

责任要分清

当出现联合目标责任书考核的时候，企业要先给员工做好分工，责任一定要分清楚。企业想要分清考核责任，其实有一个简单的逻辑。

首先，企业的战略要由老板来做。如果一个老板没有给出一个正确的战略，那就会累死"三军"。老板的工作核心就是做战略。如果不做战略，而是天天陪客户吃饭，就会发现辛苦几年自己还是只有一家小企业。

其次，高管的主要责任是让目标实现。虽然企业的责任人是高管，但真正完成业绩和利润的是员工。所以企业要对责任进行分工，把这些具体的责任通过明确的目标划分出来，并在目标责任书里面准确说明。企业每年 12 月要做一次针对责任分工的复盘，用文字梳理好，通过表达把所有责任搞清楚。

目标责任书的第一项是职责和责任。第二项是绩效考核表，将每个岗位的目标全部量化清晰，然后写到目标责任书里面。第三项是最重要的一项，我们需要明确，不能直接拿绩效考核的得分与绩效工资挂钩。比如绩效得分的满分是 100 分，这个人得了 80 分，他的绩效工资是 5000 元，如果把 80 分与他的绩效工资直接挂钩，最后得到的结果是 4000 元。现在很多公司都会这么做，但这个逻辑本身就是不对的，存在两个不合理的地方：一是有人可以得满分，不能打破纪录；二是直接把实际的得分与绩效工资相乘，得出来的结果有可能与实际情况不符。

正确的做法是在绩效对应工资前，先找到一个问题，之后划定分值的区间。首先我们把一个问题设定为 100 分，那么有人得 100 分，就有人得 90 分，绩效工资就可以在这个区间里上下浮动。之后当得分为 90 分的时候，绩效工资可以拿到 100%，绩效分红也可以拿到 100%；当得分为 95 分的时候，可以得到 110% 的绩效工资；当得分为 100 分的时候，就可以拿到 120% 的绩效工资。所以，这里面是有一个换算的系数的，基本上能达到 85 分到 90 分就可以得到满绩效工资。

还有的公司做的区间更大，考核结果得 65 分就可以得到 100% 的绩效工资，也就是大部分人是不会被扣绩效工资的。比如谷歌公司采用的是 OKR 的考核方式，目标是由员工自己定的。当员工知道工资不会被轻易扣掉的时候，定的目标往往就会高一些，让其具有挑战性、创新性和难实现性。

　　晋升、涨薪、培训与考核挂钩，影响是非常大的。很多企业是把固定工资和月度奖金直接挂起钩来，之后用月度奖金和提成直接作为考核的指标。那些狼性比较强、绩效考核非常严的公司，往往比较能出业绩。

　　当然，这很难实现，所以企业当下最好还是用相对比较清晰的考核办法和 PK 制度来解决这些问题，否则就会达不到想要的效果。我的建议是在目标责任书上设一个参考值，比如 60 分以下，就没有绩效工资了；60 分～ 64 分，得 40% 的绩效工资；65 分～ 69 分，得 50% 的绩效工资；70 分～ 74 分，得 60% 的绩效工资；75 分～ 79 分，得 70% 的绩效工资；80 分～ 84 分，得 80% 的绩效工资；85 分～ 89 分，得 90% 的绩效工资；90 分～ 94 分，得 100% 的绩效工资；95 分以上，得 120% 的绩效工资。这个小细节很多企业搞不清楚，导致责任划分不清晰，所以企业在设定目标责任时要把它提前厘清。

考核与薪酬挂钩

绩效考核的最终结果肯定是和员工的工资挂钩的，这其中的处理方法也有小技巧可循。

第一部分是基本工资。

一般来讲，企业的工资结构中最重要的是固定工资，它主要是作为保障出现的。固定工资与考勤挂钩，分红一般不与考勤挂钩。但是当某个管理者上班的时间低于 50% 的时候，公司有权扣掉他的全部分红。一般请三五天假是不扣分红的，扣的是固定工资和绩效工资。一个人原来是一个子公司总经理，现在由于身体的原因，无法完成子公司总经理的工作负荷，可以调岗。调岗完成以后，可以按新岗位考核方法拿工资。

第二部分是绩效工资。

绩效在与考勤挂钩的同时，也要与考核挂钩。比如请假就会影响绩效工资，一个月上班 22 天，结果你请假了 11 天，那你的绩效工资就得自动减半。考核也会影响绩效工资，做完绩效考核后，还得看一下评价体系，是否需要增加或减少绩效工资。

第三部分是提成。

提成与考核有关。一般来讲，公司不能因为目标没有实现，就把提成比例降低。所以提成该怎么给就怎么给，正常和业绩挂钩就可以了。

第四部分是分红。

公司一般把 50% 的分红直接发给员工，另外的 50% 可以做绩效考核。

第五部分是超产奖。

一般超产奖和冲刺目标挂钩。从目标上来看，主要分为保底目标、平衡目标、冲刺目标和挑战目标。其中，平衡和保底这两个目标是公司制定的。冲刺目标是个人和公司共同制定的，以个人为主。公司大部分目标都是冲刺目标。挑战目标是公司和个人双方协商共同对赌做出来的目标。

第六部分是双方的义务。

公司的目标责任书一般会约定双方的义务，特别是乙方的义务，比如哪些地方要嘉奖，哪些地方要处罚，哪些地方会特别说明如果考核期间离开公司了，那么剩余部分的薪酬应该怎么算。这些都要提前与员工约定清楚。

第七部分是电网指标。

电网指标主要是指违反公司的制度、职业道德等。通常员工连续违反电网指标五次以上，就有可能被辞退。

以上内容梳理完，就可以签订目标责任书了。目标责任书是上级对下级签订，比如我作为董事长给 CEO、CTO、COO 签订，CEO 给所有的分子公司经理签订，CTO 给所有的项目经理签订，COO 给所有独立公司经理签订，所有的分子公司经理给所有的营销总监签订，以此类推。

7

第七章

绩效面谈:
激发人才潜力的最后一击

绩效面谈的流程

公司总部的绩效考核面谈是从提炼绩效考核表开始的。大家知道自己的目标后，接下来就要做绩效面谈。我认为，绩效考核过程中最重要的步骤之一就是绩效面谈。绩效面谈的第一个阶段是定目标，并且这个目标一定是双方共同认可的。定完目标以后，第二个阶段是开展工作，也就是做各自的日常工作。第三个阶段是数据收集，看看大家做得怎么样。第四个阶段是绩效面谈，狭义的绩效面谈只看考核的结果，广义的绩效面谈是一个业绩管理的过程。

绩效面谈以后，我们可以得出五个重要的结果：第一个结果与晋升、降级有关；第二个结果与胜任力有关，看这个人的能力怎么样；第三个结果与赋能有关，根据员工能力对该员工进行赋能，培训他，给他更多的知识；第四个结果与他的利益挂钩；第五个结果与他的薪酬挂钩。得出这五个结果之后，我们要做的非常重要的工作就是反馈，然后根据反馈的内容重新制定新的目标。

图7-1是绩效面谈的完整循环流程。在这个循环当中，以下几个重要的相关事项需要我们特别了解一下。

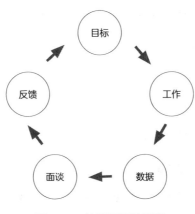

图 7-1　绩效面谈的流程

第一项，了解绩效面谈的方式及对象。

绩效面谈的方式有很多种，比如很多中小企业是人力资源部对其他部门做考核。因为这样的企业员工比较少，所以只依靠人力资源部的两个员工就能对所有人员的情况通过考核有所了解。虽然这不是一个标准的绩效考核流程，但很多企业都在实施。这种考核的优点是专业人员对个人做考核给出评价，缺点是把上级和下级统一到了一个阵营，而人力资源部变成对立的阵营。

企业在做绩效考核的过程中，我的建议是 HR 要全程参与，和上级一起对下级进行面谈。这个面谈不能用微信谈，也不能用电话谈，更不能用远程视频谈，而是要面对面地谈，这样的绩效面谈效果是最好的。因为绩效面谈不仅仅是为了考核，更是为了在谈话过程中发现问题、解决问题，提供能力培训，激发员工动力等。

所以，对一个员工做面谈时，不仅仅是做几个考核表，考核一分钟就打分。面谈的时候可能会因为一个指标谈论很多问题，比如我和公司的一个高管谈这个月的业绩时，原来定的指标是 3000 万元，但这个月已经完成了将近 4000 万元。那么我们就会谈明年的这个月怎么办，业绩的结构是否要发生变化等具体的问题。

第二项，绩效面谈的顺序。

在考核时可能会出现这样的情况：只有一部分人做了考核，但还有一大部分人没有做考核。像我们长松公司的项目部门和子公司在考核时，业务员如果三个月没有业绩，基本上就会被淘汰，但是因为总部的很多部门不属于业绩部门和一级单位，所以他们的考核就比较松。为什么一家企业一定要全员实施考核？因为有考核就会有压力，如果高层没有把责任往下传，就会导致下面的员工效率低下，进而影响到这个部门的业绩和利润。

所以正规的绩效面谈顺序，先是主管对下一级做考核，接着是中层对主管做考核，到最后是决策层对高层做考核。按照这个顺序在一个月或一个季度，把整个公司所有人的绩效考核都过一遍。这是我们在绩效面谈过程中的流程顺序，这些考核基本不是同时进行的，而是交叉进行的。

第三项，绩效面谈的时间。

对于绩效面谈的具体时间，一般一个人在 15 分钟到 1 个小时左右，这主要取决于绩效面谈的效率。

基本上能用 15 分钟谈完的，是那种工作相对比较单一的岗位。比如对一个售货员来说，所有的数据都是清晰的。无非就是谈一下过去做得怎么样、有没有发生什么重大问题、需不需要上级提供资源、需不需要学习成长、下个月的目标是什么、要实现这个目标对应的资源是什么等。

但是有很多岗位的职能比较复杂，比如程序员。我们在绩效面谈的过程当中，会谈到很具体的问题，比如网站软件的优化方法，这些是上级和下级要共同解决的问题。这些问题往往会通过三个渠道来解决：第一个渠道是每周开周会的时候，去现场解决问题；第二个渠道是通过培训解决问题；第三个渠道是通过绩效面谈解决问题。

所以绩效面谈时间少的只用 15 分钟，多的要用 1 个小时，当然谈几个小时的也会有。比如董事会对几个高层人员的会谈，可能是一个季度谈一次，所以时间会长一些，面谈的具体内容有业绩、明年的怎么做、对形势的分析等。这个会议一般要开两天，私下里有一半左右的时间都是在进行绩效面谈。通过对几个高层人员做绩效面谈，我作为董事长对公司哪些工作做得好，哪些工作做得不好，就会非常清楚。没有到考核周期的时候，我会进行沟通，但不做正式的评价，等到周期结束再做出对目标的评价决定。

第四项，绩效面谈参与人员。

绩效面谈有两种形式，每种形式下参与的人员不一样。

第一种是一对一的谈话。这种形式的参与人员是上级和下级，上级在做绩效面谈前，首先要了解掌握下级绩效考核的相关数据。在企业里面能够收集数据的部门主要有四个：财务部、人力资源部、市场部和行政部，上级需要先找到这些部门要考核数据。

第二种是一对多的谈话。采用一对多的面谈形式有两种情况：第一种情况是有的工作需要一个团队一起去做，团队之间存在结构化，这样的工作在做绩效面谈的时候就要把大家聚在一起谈；第二种情况是有几个人的工作岗位，工作性质相对比较一致，比如生产部门的员工做的工作比较一致，那么我们在做绩效面谈的时候也可以把这些员工叫到一起面谈。

目前大多数企业适合的是一对一的面谈形式。企业在一对一面谈的过程中，一般都会需要人力资源部参与，我把这个工作叫作数字管理。人力资源部对参与的整个过程进行录像，为后面的绩效考核表签订提供依据。

等财务发工资的时候，首先要看考勤，然后要看绩效考核表。如果上级没有给下级做绩效考核表，那么人力资源部的工作就失职了，因为人力资源部没有主动推动这个工作。如果人力资源部做了，但是没有录像，那也是失职，因为没有留下相关的证据。所以人力资源部基本上全程参与绩效面谈。企业也可以通过一个软件或一个程序来解决这个问题，人力资源部就不需要全程参与了，只需要上级对下级就可以了。

第五项，每年的绩效面谈怎么开始。

2019 年我们公司出现了一些特殊情况，比如没有绩效考核表，我们只能按照工作责任和工作计划去谈，同时告知 2020 年将有四次绩效面谈的机会。有了绩效考核表就比较简单，我们就可以拿绩效考核表开始进行面谈。

第六项，绩效面谈要准备的工具。

绩效面谈要准备一个非常重要的工具——绩效评估表，大家千万不要到网上随便下载一个就用，要根据企业的实际情况做一个适合企业的评估表。企业的绩效面谈评估表一定要包括如下几个内容：

第一，主要述职的内容。被考核人在做工作述职的时候，上级要简单做一个记录。

第二，要找出其中重要的指标，然后再问出具体的数据。一般情况下，被考核人述职的时候上级已经有数据了，被考核人做了多少业绩，上级应该是清楚的。

第三，评估。就是对被考核人打分，并且告诉他每个指标的得分是多少。事实上，双方在这个阶段很容易产生矛盾，比如我说他做得不好，他就会找很多原因，来说明他并不是主观上不想完成，而是有各种客观的原因。绩效管理是一个重视数据的过程，我们要把情感因素先放在一边。

第四，沟通胜任力。胜任力就是能力与结果的关系。比如被考核人这个月的业绩完成了 70%，那我们主要谈的就是在这个领域当中他的能力是不是不够。基本上上级对自己下级的能力都比较清楚，需要在哪些方面努力也是比较了解的。所以我们会给他提出建议，建议他在下一个阶段重点提高哪几个方面的能力。

第五，工作安排。我们会给被考核人一个工作安排，假如我们发现他由于主观原因和客观原因做不了这项工作，或者我们发现他在这个领域当中的水平确实不行，那我们肯定要对其做出工作上的转移。

第六，汇总。就是把所有指标汇总，得出总分。

第七，签字。这里双方都要签字，确认考核的总分数是双方都认可的。

第七项，绩效面谈培训的内容。

在绩效面谈的过程中，人力资源部要把三件事情培训到位：

第一件事情是数据的收集。收集的数据要及时准确，同时有些数据是需要计算的。比如业绩增长率这个数据不是直接收集出来的，是需要收集完数据后经过计算才能得出来的。所以怎么计算这些数据，相关人员要进行培训。

第二件事情是打分的刻度。如何制定指标的刻度和如何打分，是要经过深入培训的。很多公司的问题主要出现在这里。很多公司在制定考核表的时候，计分的方式方法做得不清晰，达成的刻度就会出现问题。

第三件事情是处理绩效考核表的加权。绩效考核会有一些加分项，比如经过打分以后，这个人得了80分，那他是否可以再加分？往往会考虑三个因素：一是看他有没有引进卓越的人才，如果有，而且人才做出了卓越的增长贡献，我们会加5分；二是看他有没有给公司带来优质的产品，如果有推荐引进了优秀的产品，我们可能会加5分；三是看他有没有引进先进的管理方式、管理系统、管理流程，如果有，我们可能再加5分。虽然这个人本职工作得了80分，但是他做了很多对公司有巨大帮助的事情，最后有可能会得到95分。

企业应对绩效考核技术掌握不深入的部门做一些前期的培训。如果员工还不理解，就由人力资源部带着边考核边培训。

绩效面谈发问与绩效结果呈现

有的人在做一件事情时，如果感觉自己没有办法做到 100 分就立刻放弃了。比如对于考研究生这件事情，他会想万一自己考不上怎么办，接着下一步就直接放弃不考了。有的人想去北京闯一闯，但一想到可能会挣不到钱，于是马上决定不去了。

很多人的条件并没有相差太多，但是有些人稍微遇到一点困难，马上就会放弃。很多企业认为绩效管理做不到 100 分，没有亮点，就会放弃不做。

其实绩效考核没有完美的，做了就比不做强。绩效考核是逐步从一个不满意的阶段，慢慢走向满意阶段的过程。在这个过程当中，我们很多时候的认知是有问题的。很多老板的想法是："反正我们公司搞得有问题，干脆就别搞了，还浪费时间和金钱。"很多员工也是这种思想。如果企业从上到下都充斥着这种思想，那么绩效考核自然做不好。

所以企业不要排斥绩效考核，而是要想着如何把它完善好，让员工完全接受绩效考核，这样企业做绩效考核时阻力就会小很多。想要员工心甘情愿地接受考核，我们就要多注意绩效面谈时发问与结果呈现这两个问题。

绩效面谈主要是一个发问沟通的过程。在发问的过程中，有几个方面的问题与绩效考核无关：第一，与理论无关；第二，与想象无关；第三，与人品道德无关；第四，与对标无关；第五，与假设无关。

与理论无关

比如对一个业务员做绩效考核的时候，让他谈一下什么叫解决方案式营销，如果他当时懵了，没回答出来，可能我们就会对他印象不好。但是只知道理论是没用的，绩效考核主要看的还是业绩结果。

与想象无关

我们不要乱问自己想象中的东西，绩效考核是有考核表、有指标、有数据、有结果的。比如问被考核人如果金融危机来了，他的滞销产品想要怎么处理？如果他说了一个答案，跟我们心里的答案不一致，那我们自然会对他的答案不满意。

与人品道德无关

我们在绩效考核时不能谈人品的问题，人品道德跟业绩没有直接的关系。

与对标无关

我们不能说："小王做得这么棒，你怎么就做不好？"这就是对标问题。人的条件不同、基础不同、标准不同，不能完全一概而论。

与假设无关

我们不能问假设性的问题。如果我们问："现在有 5 万元的回扣给你，你会拿吗？"对于员工来说，肯定要说不会拿，在领导面前怎么可能会回答拿呢。所以这种假设一点意义也没有。

上述这些问题考察出来的都是假信息。在绩效面谈当中，我们老老实实地问过程，了解事情的准确情况就可以了。

| 绩效面谈发问技巧 |

我总结了一些在绩效考核过程中可能会用到的发问技巧，分享给大家作为参考。

在过去的一个周期中，被考核人都做了哪些事情

比如"请陈述一下你做了什么事情"，他肯定不会回答"如果给

我一个机会，我将首当其冲，努力把事情做到最好"。

做的事情与我们的考核有什么关系

假如我们的考核内容是让一个人力资源负责人在最近一个季度内，把公司的劳务问题全部解决掉，结果他说他这些日子里接待了某个局长、某个科长，一直没有休息的时间。我们就会问他："你做的事情与我们的考核内容有什么关系吗？"现在有很多人天天强调自己没有功劳也有苦劳，对领导说自己很辛苦，每天都加班。但是他的加班是没有产生结果的，和公司想要的也不是一个方向。

问结果如何

问结果如何，就是问他觉得自己做得怎么样。他如果回答说自己做的与我们的考核目标是完全一样的，我们就可以接着问他做的程度如何、结果如何。

问他是用什么方法做的

问这个问题的目的是，让他思考解决问题的思路和方法。比如这个月他的主要工作是做陌生拜访，那我们就可以问他："陌生拜访和考核有没有关系？"他会回答："有关系。"我们接着问："第 2 项指标要开发 5 个新客户，与业绩有没有关系？"他会回答："有关系。"我们再问他："怎样去陌生拜访？怎样找到新客户？"他可能回答：

"通过打电话。"我们又问他："打电话这件事情有可能会给别人带来困扰，别人让你不要再骚扰他，你的风险解决办法是什么？"这样一步步给予他启发，让他自己去找到解决问题的方法。

谁来证明

谁来证明这一项，我们有的时候会问，有的时候不问。问的目的主要是我们无法确定某件事情是不是真的，需要找一个证明人。但大部分时候我们不会问这个问题。

新的目标是什么

这算是最后一个问题，我们一般会问："新的任务是什么？期望的目标是什么？需要什么能力去完成它？"

我们招聘一个项目经理的时候，要对其进行面试。其实面试本身也是一项考核，叫面试考核或面试评估。问问题的方式其实和企业内部的绩效考核差不多，比如我们应该问求职者："您过去在哪家公司？做了什么事情？"而不能问："你有信心担任项目经理吗？"

有很多不专业的人力资源管理者会问求职者："请你说一下什么叫项目经理？什么叫项目？什么叫 PMO（Project Management Office，项目管理办公室）？我看你过去做的成果还不错，你做的最好的项目是什么？请谈一下你当时的感受。假如我们公司准备做 × × 项目，你准备怎么做？"可想而知，如果我们问的都是这样的问题，肯定不能考察出这个人的实际能力。

绩效面谈过程中的很多谈话内容和方式都是要经过提前培训的，我们要告诉所有的主管，当主管的核心目的不是搞人际关系，也不是为了享受权利，而是一定要干出一些成果。如果下级没有成果，早晚有一天是会被淘汰掉的。一个考核周期内，一个人做了什么事情、与指标什么关系、结果如何、用了什么方法、谁来证明、这个方法具体怎么做、第几个环节怎么做、依据是什么等等，我们都可以向被考核者提问这些问题，目的就是让考核结果客观公正，也可以让我们获得被考核者最真实的想法。

| 绩效面谈结果呈现 |

绩效面谈结束后，我们要实现下面几个结果：

第一，在过去的一个周期里，这个人的评价得分是多少？

第二，是否需要修订我们考核的指标？

第三，在工作中还需要给予哪些支持？

第四，他的工作是否要在内容上进行优化？

第五，下一个周期的考核表应该怎么做？

第六，需不需要上级对他进行帮助或做出指导？

第七，需不需要给他安排更专业的培训？

第八，需不需要与谁产生新的沟通方式？

第九，是否采用更高的目标，同时产生新的奖励措施？

在绩效面谈过程当中，上述九项结果可能只有两项能现场完成：一项是考核，另一项是下一个周期的考核表，其他几项则需要在对上级做过培训后才有可能实现。

绩效考核结束以后，可以得到两个成果：一个是结果和评分，另一个是评估表。这个评估表需要双方同意，签字以后再进行下一步。如果员工觉得考核结果不合理，也可以去申诉。一般申诉到上上级，如果对上上级的处理仍然不满意，员工最终可以申诉到人力资源部，人力资源部是绩效考核的终审机构，如果人力资源部最终得出员工的考评结果没有异议，那么即使员工不签字，绩效考核的结果也是被承认的。

等人力资源部审核完考核表发给财务部的时候，不需要签字了，即宣告这个绩效考核结果已经生成了。如果员工不认可，可能会出现新的调整，如转岗、调整部门等，之后再根据新部门的绩效考核要求重新对这个员工进行考核。

第八章

绩效数据收集：
数据准确，效率才能翻倍

绩效数据的来源

我们把绩效考核分为两个重要的指标：一个是定量指标，另一个是定性指标（见表 8-1）。

表 8-1　绩效考核数据指标分类

定量指标	业绩 利润
定性指标	阿米巴系统 财务系统

比如我们公司 2019 年要在企业管理系统中增加新的财务系统和阿米巴系统，这些就是定性指标。财务系统对企业来说很重要，现在不管是个税、财税，还是家庭报税，已经完全是透明的了。所以大家只需按照国家的税务规定去缴税就可以了。具体到企业，怎样做筹划

税务、怎样做核算账、怎样做信息管理、怎样核算出每个小组的利润，这些问题都需要财务系统来规范和管理。企业不引入财务系统，就没有办法合理分红。

与管理类系统不同，像业绩、利润这些指标，都叫作定量指标。涉及的问题主要有指标怎么收集、怎么做、由谁来负责。

人力资源要收集的指标

一般情况下，大部分的定量指标是由人力资源收集的，责任一般在人力资源这里。财务、文员和市场也需要对这些指标的数据进行收集，收集完以后，就可以向人力资源提供这些数据了。一般来讲，企业考核的指标是 8 ~ 10 个左右，每一个岗位的指标是 3 ~ 11 个左右。

推算一下就可以知道，所有的岗位加在一起，大概也就是四五十个考核指标。人力资源部要把这四五十个考核指标列在一个表里。其中 1 ~ 20 由人力资源进行收集，20 ~ 40 由财务进行收集，40 ~ 45 由生产文员（也有可能是销售人员）进行收集，46 ~ 50 由市场部进行统计。因为有很多岗位的考核指标是重复的，比如 CEO 考核销售额，销售经理、业务员、客户经理也都考核销售额。所以统计这些指标时需要各部门都统计自己的数据，人力资源收集一部分、财务收集一部分、文员收集一部分、市场收集一部分，之后把这些数据统计到一起。而承担绩效考核数据统计责任的就是财务部，人力资源部可以向财务部要数据，但最终的数据都要归到财务部。财务部需要进行大量的二次核算，比如我们要考察资本投资回报率、考察人力资源效率提升等，我们把数据统一汇总到财务部会更为方便，出结果的时间也会大大缩短。

所以，企业在绩效考核的过程中，人力资源部和财务部都是要深度参与的。而且，人力资源部需要和财务部进行沟通合作，由人力资源做出规划，列出需要考察的指标，之后由财务部去收集数据，这时人力资源也需要帮助一起收集一部分的数据，之后所有的数据统一到财务部，进行专业的计算和处理，最终呈现出来一份数据清晰完整的考核表结果。

财务要收集的指标

财务收集的数据类型主要包含两个：一个是直接数据，就是你做多少，我记多少；另一个是计算数据，比如项目部利润，就需要财务部门进行统一核算。比如想要算出项目部今年的业绩，我们就要先用总业绩减去营销公司营销费用，再减去退款，出来的结果就是项目部的业绩。如果想进一步算出项目部的利润，还得用业绩减去成本，成本又包含了项目成本、公摊成本、退款成本、服务成本、研发成本、办公成本、税金等内容，计算起来还是很复杂的。如果这些数据收集和核算的工作全部让人力资源管理者去做，那么他们可能会直接懵了。

所以这些工作都需要财务部来做，不管是直接指标，还是间接指标，都属于计算数据的范畴，财务都需要对这些指标的数据核算出准确结果。比如项目利润增长率，如果要进行一轮核算，就需要找到这个月的指标，和去年同期的指标进行对比，然后做一轮计算。再比如项目利润的资本回报率，不但要经过一轮核算，而且还得再算出投资与利润之间的关系。

文员要收集的指标

文员去收集数据的时候，首先要自己简单做一下计算。比如我们从销售人员那里会得出拓客成本这个指标的数据，我们长松公司的拓客成本是 5600 元，如果一个客户在我们公司消费在 5600 元以下，那么我们就是亏钱的。通过拓客成本的计算，可以得出我们的前端产品应该卖多少钱、终端产品应该卖多少钱、后端产品应该卖多少钱、解决方案的产品应该卖多少钱。

一个好的人力资源管理者，一定是一个优秀的经营者。不管通过什么样的数据，他都能了解到一家企业的赚钱能力。比如通过拓客成本的核算，可以观察出如果要赚钱，企业产品线增加的同时，更要降低拓客成本。很多企业现在总是期望通过互联网把拓客成本降下来，但是事实证明，这么多年电商负荷成本不仅没有降低，反而还有所提升。如果拓客成本无法降低，我们就要增加产品链，反而不划算。同样的成本，卖的东西越多，业绩也就越高。如果不强调拓客成本，员工的拓客成本可能会越来越高，所以我都是尽量把产品打包销售。

还有一些指标需要我们从市场上获得，比如客户满意度、客户复购率、准客户消费产品的感受、竞争对手的情况等。这些指标数据财务收集不了、人力资源收集不了、文员也收集不了，我们可能要去专门的市场部门寻找合适的人来做这件事。这些人有一定的基础，可以通过互联网、数据公司、竞争对手、客户来获得这些数据。比如我们和客户进行交付的时候，可以顺便做一些满意度调查，这个数据可以反映出一些客户对产品的看法，对我们后续进行产品改善有很大的帮助。

财务收集的大部分数据，主要是与业绩、利润相关的整体数据；人力资源收集的大部分数据，主要是基于管理的数据；文员收集的大部分数据，主要是基于我们的运营，其中运营包含了流程和产品；市场部收集的大部分数据，主要是基于我们的外部资源。最终我们把这些数据资料汇集到一个部门，统一管理。有的公司汇总在财务部，有的公司汇总在人力资源部。我的建议是中小企业最好集中汇总在财务部，与人力资源共同管理。

绩效数据的收集方法

如前所述，绩效数据的收集包含了定量和定性两部分指标。

| 定量指标收集 |

比如有关人才编制的指标就属于定量指标。假如我们的新媒体中心人手不够，业绩确实很难实现。那我们就要求增加编制，编制达标以后，我们才会出业绩。业绩减去成本，才会得出利润。如果制定的指标是公司今年新媒体中心的编制达到 15 人，那么从拿到这个指标起，我们就要把它从定量指标转为定性指标。

为了达到 15 人的编制，我们会把这个指标分成几个进程来做。定性指标的第一个重要的分解，就是做进程管理。我们在第一季度

的时候，主要做架构的设计；在第二、三季度的时候，分别招聘 5 个
人和 10 个人；然后进入第四季度，对这些人进行培训和系统的管理。
我们要记住，不能随意地直接把 15 个人的编制除以四个季度，算出
每个季度需要招聘多少人，这样得不出我们想要的结果。我们把这个
工作的进程叫作定量指标转定性指标。

｜ 定性指标收集 ｜

进程法

以导入一套财务系统为例，那么考核的指标就是企业到年终时到
底有没有导入这套财务系统。我们可以把它分为几个小指标：第一，
导入了没有？第二，质量怎么样？第三，内容怎么样？

我们想导入这套财务系统，应该分为以下几个阶段：

第一个阶段，做调研（2 个月）。一般情况下我们会先做调研，
看看我们需要什么样的财务体系。调研的时间可能需要 2 个月，一轮
调研后，我们要继续跟踪这个工作。

第二个阶段，联合导师做方案（3 个月）。比如我们向 A 买财务
软件，找 B 做财务核算，请 C 做技术服务，每一个解决方案要找一
个相对应的导师，在导师的帮助下把所有的方案做出来。

第三个阶段，理论方案形成，优化制度（1 个月）。等理论方案

形成后，我们要把它优化形成制度。

第四个阶段，培训（2 个月）。企业要对所有员工进行培训。培训又分为导师培训和全员培训，一般先对企业部分人进行导师培训，之后再由这些人向全体员工进行培训。

第五个阶段，导入（1 个月）。企业把这套财务系统进行导入，导入的时间一般会比较长，大概需要 1 个月左右。

第六个阶段，嵌入（3 个月）。从嵌入到完成一般需要 3 个月的时间。我们导入系统后，可能会有各种问题，需要把这套系统和我们公司的文化及人员的现实条件进行有机结合，使它可以成功融入企业。

据此，我们在第一个季度考核财务系统的导入，具体的指标是完成工作的调研；在第二个季度考核联合导师完成核算方案、软件方案的同时，完成信息管理方案、税务筹划方案、财务管理方案、财务人员编制和财务制度管理方案；在第三个季度考核全员培训情况，需要考试并全部通关，之后把系统导入公司；在第四个季度导入系统以后，把它嵌入我们的公司里。这样，这个项目的整体考核进程就十分清晰了。

人力资源部会对公司的几个重大的定性指标工作进行跟踪。比如公司的运营培训、辅导师的招聘、财务系统的导入、App 的打造、公司税务筹划工作的建设，甚至包括公司的装修、人员编制等，人力资源部都需要进行跟踪和考察。等再过一段时间，公司要召开进程沟通会，讨论复盘这一段时间的工作成果。我们把这种定性指标收集的方法叫作进程法。

大小法

第二种定性指标的收集方法叫作大小法，也叫分解法。

比如要完成企业员工能力的培训指标，这个指标由 CEO 负责，那么首先我们要把培训分解成为以下几个部分：

第一个是技能培训，也叫技术培训。它可以分为多个专项培训，比如财务培训、计算机技术培训、绩效考核培训、OPP 训练培训、业务流程培训、辅导师技术培训、技术官培训等。比如我们长松公司，一年有四次财务培训、一次学习型春节培训、两次左右的 OPP 培训、六次左右的总经理培训，它们都属于技能培训的范畴。

第二个是文化培训，就是对员工进行企业文化、企业属性等方面的培训。文化培训可以分为新员工培训、学习型春节培训、启动大会培训等。每个月我们公司都有启动大会，会上主要是谈文化和状态，对员工进行思想上的培训和引导。其他的文化培训还有 PK 培训、感恩培训、拓展培训等，都是用来解决企业文化相关问题的。

第三个是管理培训，包含了业务主管培训、营销干部训练营培训、技术干部训练营培训、项目经理培训和储备总经理培训。这个培训主要是针对管理层的，对于普通员工来说用处不大。

对于 CEO 的能力培训指标，可以把它分解成技能培训、文化培训和管理培训，其中每种培训可以再次进行细分，最终找到适合这个指标的负责人。CEO 把工作分配下去之后，下面的人还可以把它进一步分解到各个季度，根据细分的计划开始实施，完成以后就可以对培训效果做出准确的评估。

第九章

建立优秀的
企业绩效文化

　　企业绩效是人力资源管理和组织管理当中最难的一个体系，所以导入企业绩效的时候，需要同时建立企业绩效文化。优秀的企业绩效文化会表现出以下几个特征。

从固定工资走向固定工资 + 绩效工资

　　如果原来员工的工资是固定工资，那么我们需要把它转化为固定工资 + 绩效工资，这是企业第一个重要的企业文化概念。目前大部分的中小企业员工都是固定的基本工资，在这种情况下，时间长了很多人就不会去考虑自己将来要做什么。前一段时间，有个收费员下岗，她说："我已经做收费员二十多年了，我就会收票、收钱，其他的我一概不会。"其实出现这种情况，就是和她的收入结构所形成的生存方式密切相关。

刚开始在企业中实行绩效工资时，大多数员工都是不愿意的，因为他的固定工资可能会比之前低一点。比如之前他是 6000 元的固定工资，加上绩效工资后，现在他的固定工资只有 4000 元了。因为大部分人都希望自己在安全稳定的环境下生活，不愿意冒险，也不愿意尝试去努力多拿绩效工资。

其实算一算这笔账就可以知道，如果你在企业里面工作表现优异，业绩名列前茅，那么你的绩效工资会比固定工资多得多。假设你的固定工资之前是 1 万元，那么固定工资加绩效工资后就有可能挣到 10 万元。而且 1 万元和 10 万元的收入所产生的生活质量的差异不止 10 倍，收入 1 万元时，扣除房租、生活费，最后有可能只剩 1000 元；收入 10 万元时，生活质量更高，即使每个月花 3.5 万元，也还有 6.5 万元的余额。如果这个人再节省一点，那么收入的差距甚至可以达到 80 到 90 倍。十年过去后，月薪 1 万元的人可能还是什么都没有，但是月薪 10 万元的人因为余下的钱更多，所以有可能进行各种投资和理财，比如买股票、买房子等。财富不断积累下来，他可能会变成千万富翁，甚至还有可能去创业实现自己的梦想。

一家企业如果长期使用固定工资，对这家企业和员工个人的目标实现都是没有帮助的。所以企业需要建立起绩效文化，来帮助员工认识到绩效工资的重要性，让企业里的一部分人先尝到甜头，那么反对绩效工资的声音自然会少很多。

从个人工作文化走向团队 PK 文化

团队 PK 文化可以让员工知道竞争对手的情况，和对手比较后，更加清楚自己的努力方向。通过这种绩效文化，可以把岗位工作价值、工作得分、工作效益全部暴露出来，增加员工的危机感，提高他们的工作积极性。

从温和环境走向 PK 环境

要让企业内部员工形成一种互相 PK 的氛围，从温和的环境走向竞争的环境。一个人浸泡在不同的环境中，对其带来的影响和结果是不一样的。企业想要制造 PK 的环境，可以尝试通过绩效考核来实现。

从感性文化走向感性 + 理性的文化

企业可以通过传递给员工感性 + 理性的文化，提升员工的工作积极性。我们在考察一个人的时候，会习惯性地想这个人是不是好人？有没有格局？这些都是基于感性的评论。但是光靠感性的文化管理公司肯定不行，容易让人产生懈怠心理，会在一定程度上阻碍企业的发展。

通过建立偏理性的绩效考核文化，我们就能从数据的角度客观地评判这个人为什么离职、他的工作有没有胜任、他的技术水平如何、他的业绩数据是否准确等。将偏理性的绩效考核文化与企业本身所拥有的感性文化进行有效结合，那么企业的绩效文化基本就可以顺利地建立起来了。

　　想在企业中成功建立绩效考核文化是需要一定时间的。一家企业想要把绩效管理做好，我认为至少需要十年的时间。如果有专业的人员、专业的推手从旁辅助，那么企业可能会提前几年建立起来。企业老板需要有足够的耐心，第一年一定是本着犯错误、出问题的心态去做的，经过一年的运营，把所有的问题暴露出来。到第二、第三年后要开始重视绩效管理的效率问题，因为这时所有的人已经训练到一定的程度，不用担心流程会出现大的问题。等到第四、第五年的时候，企业应该已经把最精准的考核指标找到，这时企业的绩效考核文化比较成熟，管理工作就会顺畅很多。

改变命运，升维阶层 —— 绩效考核设计的逻辑

怎样才算是好的绩效考核方式呢？这是我们做经营管理时最需要关心的问题之一。一套好的绩效评判方法，主要看是否公开透明，公司里大部分员工的需求是什么，然后根据这些需求做出分析和判断。比如我们长松公司的大部分员工，都来自农村或小城镇。很多人家里没有多少钱，在北京也完全没有根基。所以在管理这家公司的时候，我要先了解这家公司的员工组成结构，才能对症下药，找到他们的需求。

人的需求分为显性需求和隐性需求。我们肯定要先解决员工的显性需求，如果竞争对手公司的员工比我们富有，那就说明我们的公司目前没有竞争对手做得强大。企业一定要正视这一点，不能只要求员工有理想，还要给他们实际的现金奖励。在我看来，薪酬和绩效的本质，就是"改变命运，升维阶层"。如果一家企业的管理

系统不能做到这八个字，那么这家企业的管理一定是失败的。

当然，要求所有人都达到"改变命运，升维阶层"也不现实，一家企业如果能做到让 10% 的人有所改变，那么就可以算是绩效考核系统取得了效果。而且薪酬和绩效是互相作用的，只有薪酬做到不行，只有绩效做到也不行，两者必须要有效结合在一起，才能解决这个问题。我在公司里讲这个问题时，很多员工突然发现自己的青春确实是被耽误了，其中有的是被公司耽误，有的是被环境耽误。可能原来这些人也都很有才华，也可以很富有，也可以做出不错的业绩，但是因为没有明确的目标，也没有绩效考核制度进行监督，稍微一偷懒，时间就过去了。所以在一家企业中，创造紧迫的绩效氛围还是很有必要的。

想要在企业中实现有效的绩效管理，就要记住下面这几点内容：

第一，形式要简单。绩效考核表不要太复杂，也不要形式主义。

第二，至少要能帮助企业内 10% 以上的人创富。我大概算了一下，不算货币贬值或增值，如果你想轻松地改变自己的社会阶层，那么纯收益需要在 15 年里达到 1500 万元。要想达到这个目标，就要从现在开始去制定目标和规划。

第三，要形成简洁的淘汰机制。像我们长松公司的分子公司，比如 A 级公司，一个月的业绩要求是 100 万元，B 级公司的业绩要求是 50 万元，C 级公司的业绩要求是 30 万元。所以这个淘汰机制是非常简洁的，别谈功劳、苦劳，只看最终出来的数据就好。

第四，要懂人性。我觉得目前的 OPPO、VIVO、拼多多、小米等，都是非常懂人性的公司。一家企业的绩效和薪酬想要设置好，首先就要了解人性。卓越的人永远在卓越的环境下，人只要工作得开心，能挣钱，就不会怕累、怕辛苦。如果大家都能开心地工作，那么这家企业的效率自然会越来越高。

第五，要精确。影响绩效考核的一个非常重要的问题就是数据的精确程度，它要与企业战略极度协调，不能定的战略是 A，结果你考核到 B 去了。如果考核偏离了战略，那么出来的结果一定是错误的。

第六，企业要反复进行复盘，不要忘记最开始制定的战略。

当企业的绩效考核能把这几条全部做到，特别是做到了"改变命运，升维阶层"这八个字时，这家企业就可以算是获得了巨大的成功，并且拥有了强大的生命力。